초등
체육수업
보물
찾기

라이프스킬과
미래 역량

손혁준
지음

초등
체육수업
보물
찾기

2022 개정 체육과 교육과정과
OECD Education 2030에서
강조하는 역량교육!

체육수업에서 실천할 수 있는 구체적인 수업 아이디어를
긍정심리학의 라이프스킬 교육 이론을 중심으로 소개한 초등 체육수업 레시피

'아이들의 땀과 웃음이 가득한 운동장'

넓게 펼쳐진 학교 운동장을 볼 때마다 가슴이 뛰고 마음이 설렜습니다.

어릴 때부터 운동을 좋아했던 저는 누구보다 체육수업을 기다려왔습니다. 초임 교사 시절 운동장에서 체육을 지도하며 아이들과 함께 뛰어다니고 운동하는 것이 너무나 즐거웠습니다. 하지만 체육수업이 끝나면 늘 울거나 다투는 학생들이 나타나게 마련이었죠. 스포츠 상황에서의 갈등으로 인한 말싸움, 경쟁에 집착한 학생들의 상처 주는 행동들로 인해 체육수업에 대한 고민이 커져갔습니다.

2018년 평창동계올림픽을 앞두고 올림픽 가치교육인 OVEP(Olympic Values Education Program)를 통한 학생 인성 함양 프로젝트에 공동연구원으로 참여하였습니다. 체육수업을 통해 학생들의 신체적 발달뿐만 아니라 정신적, 사회적 측면의 발달을 함께 이루기 위한 다양한 수업 프로그램들을 개발하고 적용해 보았습니다. 아이들은 변화하였고, 승패를 떠나 체육수업을 즐기는 모습을 발견할 수 있었습니다.

하지만 여전히 해소되지 않는 의문점이 하나 있었습니다.

OVEP는 분명 학생들에게 긍정적인 교육적 성장을 이끌어 냈지만, 추상적인 올림픽 가치 그리고 인성의 개념을 학생들이 얼마나 잘 이해하고 있는지, 선생님이 부재하는 학교 밖에서도 배운 내용을 잘 실천하고 있는지에 대한 물음에는 선뜻 "Yes."라고 답할 수 없었습니다.

초등학생들이 이해하고 있는 배려, 책임감, 협력의 사회적 역량 가치. 어른들이 머릿속에 켜켜이 쌓아준 지식이 단순 개념 수준에 머무른다는 인상을 지울 수 없었습니다.

'아이들이 배려, 책임감, 리더십, 협력을 하기 위해 어떻게 해야 하는지는 알고 있을까? 알고는 있는데 왜 실천하지 못하고 있을까?'

마음속 깊은 곳에 늘 간직하고 있었던 질문에 대한 해결책이 바로 '라이프스킬'이었습니다.

라이프스킬은 OECD에서 강조하는 학생들의 역량을 '구체적으로 손에 잡히는 개념'으로 지도할 수 있도록 제안한 실천적 아이디어입니다(이옥선, 2019). 라이프스킬은 새롭게 제안된 학문적 개념이 아닙니다. Weiss와 Gill(2005)은 『Quarterly for Exercise and Sport』에 게재된 1930~2004년의 논문들을 분석한 결과, 스포츠 분야의 가장 주요했던 연구 주제로서 '도덕성 발달(Moral development), 사회적 관계(Social relationships), 자아개념(Self-conceptions), 동기 부여(Motivation), 그리고 성취 지향성(Achievement orientations)'을 보고하였습니다. 오랜 시간 동안 체육 수업에서 현대적인 개념의 역량교육이 함께 이루어지고 있었다는 것입니다. 라이프스킬이 교육학적인 분야에서는 주목받지 못했지만, 심리학 분야에서는 오래전부터 활발하게 연구되어 온 것입니다. 이후 2000년대 들어 서구사회에서부터 라이프스킬을 활용한 체육수업이 교육학적으로 활발하게 연구되기 시작했습니다.

『OLD WINE IN A NEW BOTTLE』

　미국의 스포츠 심리학자 Weiss(2016)는 학교체육에서 새롭게 주목받고 있는 라이프스킬을 이와 같이 표현하였습니다. 학생들이 가장 좋아하고 기다리는 체육수업, 하지만 경쟁과 갈등으로 얼룩진 학교 체육(Old wine)을 역량교육을 위한 전인적 청소년 육성의 새로운 학습 체제 중 하나인 라이프스킬 교육(New bottle)으로 승화시키도록 제안한 것입니다.

　본 도서에서는 학교 체육수업을 통한 역량교육을 구현하기 위하여 학문적으로 새롭게 조명받고 있는 라이프스킬 개념을 효과적으로 활용하기 위한 구체적인 실천 방법들을 안내합니다.

　이 책은 총 4개의 파트로 구성되어 있습니다. 여러 수업의 사례는 수업 운영 방법을 1차적으로 제시하는 것에 머무르지 않고, 선행연구를 통한 이론적 근거를 함께 제시하며 선생님의 수업 지도를 위한 나침반 역할을 할 수 있도록 안내하였습니다.

　먼저 1장에서 6장까지는 라이프스킬 교육이 왜 필요한지를 살펴보고, 학생들이 체육수업에서 라이프스킬 개념을 처음 접할 때부터 학교생활 전반에서 라이프스킬 교육에 흠뻑 빠져들기까지의 학급 경영 방법까지 이야기합니다. 또한 라이프스킬 교육에 대한 실천 의지가 약화되었을 때 이를 강화하기 위한 실천 동기 강화 전략도 살펴보고, 선생님들이 체육수업에서 어려움을 겪는 효과적인 모둠 편성 전략까지 제시합니다.

　7장에서 10장까지는 2022 개정 체육과 교육과정의 '운동' 영역에 해당하는 건강 체력과 운동 체력을 기를 수 있는 활동으로 구성하였습니다. 학생들의 개인 운동뿐만 아니라 협력과 소통역량을 함양하기 위한 활동들을 구체적으로 제시하였으며, 온·오프라인 연계형 수업을 효과적으로 운영하기 위한 방법들에 대하여 안내합니다.

11장에서 26장까지는 '스포츠' 영역에 해당하는 유형별 스포츠 활동들의 지도 방법을 소개합니다. 육상, 체조, 구기 스포츠에 해당하는 변형 게임을 다양하게 제시하였고, 활동 수준에 머무르지 않고 운동 기능을 효과적으로 향상시키기 위한 기초 보강운동의 방법도 함께 이야기합니다. 공감과 배려를 위한 장애인 스포츠 활동 체험과 생태형 스포츠를 체험하기 위한 협동형 스키 종목 등 다양한 수업 사례를 소개하고, 변화하는 학교 환경에 대응하기 위하여 디지털 테크놀로지를 활용한 교수·학습방법에 대한 아이디어도 함께 제시합니다.

27장에서 29장까지는 '표현' 영역에서의 기본 움직임 기술 지도 방법에 대하여 이야기합니다. 학생들이 신체 움직임에 생각과 감정을 담아 심미적으로 표현하기 위한 기초 활동으로서 이동 움직임과 비이동 움직임을 응용할 수 있는 다양한 게임 활동을 함께 제시합니다.

초등체육수업에서 학생들의 신체 활동을 통한 역량교육으로서의 '라이프스킬 체육수업'은 학생들의 잠재적인 능력을 발견하고 숨겨진 강점을 찾기 위한 노력에서부터 시작됩니다. 학생들에게 친근한 체육 선생님, 학생들의 자율성을 지지하면서 선생님의 교육철학을 수업에 효과적으로 착근시키기 위한 노력들이 학생들의 교육적 성과와 일상 생활 속에서의 역량함양에도 커다란 도움이 될 것입니다.

학교 운동장과 체육관에 아이들의 땀과 밝은 웃음, 행복이 가득하기를 바라며, 선생님의 라이프스킬 중심 체육수업을 응원합니다.

손혁준 드림

목차

라이프스킬
교육은
왜 필요할까요?

  오늘날의 학생들에게 과거의 지식이 아닌, 미래사회가 요구하는 지식을 가르치기 위한 역량교육이 강조되고 있습니다. 역량은 '어떤 일을 해낼 수 있는 힘'으로서, 학생들이 학교 교육을 통해 학습한 지식을 자신만의 방법으로 해석하여 일상생활에서 활용할 수 있는 힘을 기르는 교육입니다. 라이프스킬 교육은 긍정심리학을 바탕으로 학생들이 지닌 잠재적 능력을 미래사회 재원으로 보고 이를 구체적인 실천 아이디어로 개발하기 위한 방법을 안내하는 교육입니다. 전인교육을 지향하는 체육수업을 통해 학생들의 라이프스킬 교육 함양이 어떤 의미를 지니는지에 대하여 소개합니다.

경쟁으로 인한 갈등, 체육수업

 초등학생들이 가장 좋아하는 교과목 1위, 체육수업!

하지만 체육수업을 위해 운동장에 나가는 학생과 체육수업이 끝나고 교실에 들어오는 학생들의 얼굴 표정은 늘 대조적입니다. 밝게 웃으며 나갔던 학생들도 수업 시간에 무슨 일이 있었는지 불만 가득한 표정으로 교실에 들어오기 마련이지요. 승부가 걸려 있는 경쟁형 활동을 하고 왔을 때는 그 갈등이 더 심해집니다.

미국의 스포츠 심리학자 Mckidde와 Maynard(1997)는 스포츠 활동이 지니고 있는 경쟁 지향적 특성에 주목하였습니다. 체육수업에서 학생들은 갈등과 폭력의 부정적 경험으로 스포츠퍼슨십의 가치 상실과 도덕성 상실의 위험을 내포한다고 강조하였습니다. 체육수업에 참여하기 위하여 즐거운 마음으로 운동장에 나간 학생들이, 경쟁을 통한 갈등과 반목으로 상처받고 돌아오는 모습들은 많은 초등 교사들로 하여금 학교 체육수업 지도에 대한 두려움을 낳기 마련입니다.

이러한 특성들은 교사의 의도된 교육적 처치로 인하여 학생들의 인성적 자질을 발달시켜 나가기 위한 중요한 교육적 소재로써 활용되어 집니다. 학교 체육은 스포츠가 지니고 있는 본질적인 요인으로 인하여 학생들에게 인성과 관련된 의사결정을 끊임없이 요구하는 '도덕적 실험실'의 역할을 함으로써 인성적 자질과 함께 2022 교육과정에서 강조하고 있는 핵심역량을 함양할 수 있는 맥락적 경험을 제공하는 중요한 교육의 장입니다(이옥선, 조기희, 2013; Clifford, & Feezell, 2009).

다수의 교사들은 체육수업에서 일어나는 갈등의 중재를 어려워합니다. 또한 부족한 수업 시간과 빠른 경기 진행에 대한 부담으로 인해 학생들을 꾸짖으며 갈등을 빠르게 봉합하며 지도할 수밖에 없지요. 교사의 지도와 학생들의 형식적인 사과로 인해 갈등은 해결된 것처럼 보이지만, 이어지는 수업 상황에서 더 이상 즐거움을 느낄 수 없는 학생들은 활동에 더욱더 소극적으로 참여하게 됩니다. 어디서부터 실타래가 꼬인 것일까요? 교사와 학생 모두가 불만이 많아지는 순간, 애써 운동장에 나간 교사는 자신의 선택을 후회하기 마련입니다.

'내가 왜 체육수업을 하자고 했는지…. 운동장에 괜히 나갔어.'

학교 교육과정 운영상 당연히 이루어져야 하는 체육수업이지만, 유독 초등 교사들에게 체육수업은 다른 수업으로 대체하고 싶은 교과, 큰마음 먹고 운동장에 나갔다가 자신의 수고에 대한 보람도 없이 후회하게 되는 교과로도 유명합니다. 교사에게 체육수업은 점점 피하고 싶은 시간이 되어가고 있습니다.

체육수업의 인식 변화를
가져온 사건

2016년 교육 실습 기간, 저의 체육수업에 변화를 준 중요한
사건이 하나 발생합니다.

초등학교 6학년 담임을 하면서, 체육 대회를 앞두고 학년 전체 이어
달리기 연습을 하게 된 날입니다. 학급 간 이어달리기 대결이 어떤 의
미를 지니고 있는지 선생님들은 잘 아실 겁니다. 평소 다른 학급보다
체육수업도 많이 하였고, 담임교사 또한 체육을 전공했으니 우리 반
학생들의 우승에 대한 의지는 남달랐습니다.

그런데 이어달리기 경기 중 여학생 한 명이 넘어지게 되었고, 우리
반은 중반 이후부터 계속 꼴찌를 하게 되었습니다. 드디어 마지막 주
자의 차례가 되었습니다. 앞선 선수와 간격이 꽤 벌어져 있었지만, 마
지막 주자는 학년 전체에서 달리기 실력이 가장 우수한 남학생이었습
니다. 학생들은 마지막 역전의 기대감을 가지고 소리 높여 응원을 하
고 있었는데, 마지막 주자가 갑자기 배턴을 집어 던지면서 "××, 안
뛰어."라고 욕을 하며 경기를 포기해 버렸습니다. 경기가 끝난 후 학
생들은 옹기종기 모여 서로를 비난하면서 다투고 있었지요.

"얘들아, 게임은 끝났어. 교실에 가서 이야기하자."

    교실로 향하는 무거운 발걸음. 머리가 복잡해졌습니다. 평소처럼 아이들을 다그칠 수 없었습니다. 우리 반에는 6명의 교육 실습생이 있었기에, 학생들을 평소처럼 혼내지 않고 교육적인 방법으로 이 갈등을 해결하고 싶었습니다. 교실에 들어온 저는 학생들에게 5분짜리 짧은 영상을 하나 보여주었습니다.

1992년 바르셀로나 올림픽 남자 400m 준결승의 주인공 '데릭 레드몬드'

    교실이 숙연해졌습니다. 학생들에게 영상의 내용을 마음속에 되새기면서 오늘 우리들의 행동을 반성하기 위한 학급 회의를 제안하였습니다. 끝까지 최선을 다하지 않은 친구의 행동에만 주목하기보다, 마지막까지 최선을 다하지 못한 친구에게 데릭 레드몬드의 아버지와 같은 역할을 하지 못한 우리 모두의 행동도 함께 되돌아보도록 하였습니다. 그러자 학생들이 자신의 행동을 반성하기 시작하였습니다.

"마지막에 외롭게 달리고 있는 친구를 응원하지 못하였습니다."

 "친구의 마음을 모른 채 경기가 끝나고 비난하기만 했습니다."

그리고, 마지막 주자로 뛰었던 남학생의 한 마디,

 "친구들아 미안해, 끝까지 최선을 다하지 못해서 미안해."

 "얘들아, 오늘은 연습 경기였어. 우리 다음 경기에서 1등을 하든, 꼴찌를 하든 모두가 하나가 될 수 있도록 약속을 정하자. 어떤 약속을 하면 좋을까?"

학생들은 결과에 집착하지 말고 모두가 최선을 다하자는 의견을 나누기 시작하였습니다.

 "누구든지 넘어질 수 있어. 친구를 비난하지 말고 다시 한번 힘을 낼 수 있도록 큰 소리로 이름을 외쳐주자!"

"자기가 뛸 때는 최선을 다하자. 우리 모두가 함께 응원하고
있으니까!"

저는 학생들이 볼 수 있도록 칠판에 2가지 약속을 기록하였습니다.
이는 다음 체육 대회 본선 경기에서 우리 반의 화합을 위하여 꼭 실천
해야 하는 다짐이자 우승을 위해 필요한 기술, 그리고 전략이 될 수
있다고 안내하였습니다.

> 하나. 실수하는 친구를 비난하지 않고 크게 이름 외쳐주기!
> 둘. 응원하는 친구를 떠올리며 끝까지 최선을 다하기!

그리고 체육 대회가 열린 날, 저는 학생들의 행동에 감동하였습
니다.

우리 반은 앞 주자와 크게 벌어진 채 4개 학급 중에서 3등으로 달리
고 있었으며, 마지막 주자의 차례가 되었을 때 또다시 비슷한 일이 발
생하지는 않을까 하는 불안한 마음이 있었습니다. 그런데, 그 학생이
마지막 순간 이를 꽉 물며 뛰고 있는 것이었어요.

골인 지점에 3등으로 들어왔을 때도 반 친구들은 1등을 한 것처럼
기뻐하며 환호하고 있었습니다.

정말 놀라운 반전이었습니다. 옆 반 친구들의 놀림에도 아랑곳하지 않고 밝게 웃으면서 눈물을 흘리는 아이, 서로를 얼싸안은 채 춤을 추는 아이. 이렇게 저의 라이프스킬 중심 체육수업이 시작되었습니다.

라이프스킬 중심 체육수업의 필요성

라이프스킬은 체육과에서 강조하는 핵심역량을 '구체적으로 손에 잡히는 개념'으로 지도할 수 있는 실천적 아이디어입니다(이옥선, 최의창, 손혁준, 정현수, 조기희, 2019).

최근 학교폭력 및 각종 청소년 문제가 사회적 이슈로 부각되면서, 긍정심리학(Positive Psychology)을 바탕으로 청소년들의 문제행동에 집중하기보다 이들을 잠재적 능력을 갖춘 미래사회 재원으로 보고 성장가능성을 극대화하기 위한 전인적 청소년 육성(PYD: Positive Youth Development)의 관점이 주목받고 있습니다.

또한 스포츠가 지니고 있는 교육적 잠재력을 이용하여 청소년들이 신체적, 정신적, 사회적 측면의 발달이 조화롭게 어우러진 전인으로 성장할 수 있도록 하는 다양한 교육적 접근의 연구가 활발하게 이루어지고 있습니다(최의창, 2010). 이는 역량중심교육과 함께 학생들의 전인교육 실현을 강조한 개정 교육과정의 방향과 더불어 보다 구체적이고 체계적인 전략과 실천 방법의 필요성으로 강조되고 있습니다 (Shields, Funk, & Bredemeier, 2015).

　이러한 전인적 청소년 육성의 관점에서 청소년의 강점을 키우기 위한 구체적인 실천 방법의 대표적 예가 라이프스킬입니다(Coakley, & Holt, 2016). 세계보건기구(WHO, 1999)는 라이프스킬을 일상생활에서 발생하는 여러 가지 어려움에 효과적으로 대처하기 위한 긍정적 적응행동으로 정의하고 있습니다. 그 구성요소로 의사결정, 문제 해결, 창의적 사고, 비판적 사고, 의사소통, 대인관계, 자기 인식, 공감, 감정절제, 스트레스 대처하기의 10가지 기술을 제안하기도 하였습니다. 이는 개인이 일상생활의 다양한 요구와 도전에 대처하며 자신의 삶을 잘 영위하도록 도와주는 내적 자산이며(Danish, & Donohue, 1996), 신체적, 행동적, 인지적 영역 등 다양한 삶의 영역에서 자신의 삶을 성공적으로 살아가기 위한 실천성과 실용성을 가진 삶의 기술입니다(이옥선, 2012).

　긍정심리학의 관점에서 전인적 청소년 육성을 위한 구체적인 실천 방법으로서의 라이프스킬 교육은 체육과 교육과정에서 지향하는 핵심역량을 구현하기 위한 좋은 교육적 시도가 될 수 있습니다. 이는 일반적인 인성 교육과 차별화되도록 스포츠 활동을 매개로 운동에서의 기본 기술을 배우는 것과 같이 설명과 시범, 반복적인 연습을 통해 역량 또한 라이프스킬로서 길러낼 수 있다는 전제에서 시작합니다. 학생들과 밀착되어 생활하는 초등교육현장은 라이프스킬 교육을 실험하는데 최적의 환경이라 할 수 있습니다(강지웅, 박용남, 2017). 초등체육에서 활용할 수 있는 라이프스킬 수업 지도 전략이 부족한 상황에서 앞으로 연재되는 시리즈를 통해 라이프스킬 수업 지도의 구체적인 실천 사례와 핵심역량 함양을 위한 체육수업의 새로운 가능성을 발견할 수 있을 것입니다.

2

라이프스킬을 통한 인성 교육 패러다임의 변화

신체적, 정신적으로 많은 성장이 이루어지는 초등학교 시기에는 올바른 가치관과 인성을 기르는 것이 매우 중요합니다. 하지만 학교에서 이루어지고 있는 인성 교육은 이론적 지식 전수에 머무르는 경우가 많습니다. 실천 사례 중심의 인성 교육 또한 '역할놀이, 체험활동, 프로젝트 수업'에 한정되면서 인성 요소를 습관화하고, 행동화하는 데에는 어려움이 있을 수밖에 없습니다(유재봉, 2016). 인성 교육을 학생들의 일상에 적용하기 위해선 어떻게 해야 할까요? 이번 장에서는 학생들에게 다양한 인성 덕목을 가르쳐 주기 위해 필요한 라이프스킬 지도 방법에 대하여 알아보겠습니다.

인성 교육에서
라이프스킬 교육으로

2015년 "올바른 인성을 갖춘 국민을 육성해 국가사회의 발전에 이바지함을 목적으로 한다."는 인성교육진흥법이 시행되면서 학교 교육 전반에서 인성 교육에 대한 관심이 커졌습니다. 그렇다면 인성 교육진흥법에서 강조하고 있는 인성 교육의 핵심가치 덕목인 '정직, 책임, 존중, 배려, 소통, 협동'은 어떻게 교육해야 할까요?

체육수업 상황을 가정해 봅시다. 우리는 모둠의 표현 활동 공연이 잘 이루어지면 그 모둠은 협동심이 우수하다고 이야기해 왔습니다. 또 축구 경기에서 학생들 스스로 전략을 구성하는 모습을 볼 때는 학생들이 서로 소통을 잘한다고 인식해 왔습니다. 하지만 그 이면을 자세히 들여다볼까요? 표현 활동 공연에서 여학생들의 지시에 남학생은 주눅 들어서 어쩔 수 없이 참여하고 있었으며, 축구 경기에서 운동 기능이 우수한 몇몇 학생들 속에서 운동을 힘들어하는 학생들은 소외되는 모습을 어렵지 않게 발견할 수 있습니다. 우리 교사들은 지금까지 이러한 모습들을 간과한 채, 결과만을 보며 인성 교육이 성공적으로 이루어졌다고 스스로 자기 합리화를 하지는 않았을까요? 그렇다면 가시적인 성과를 확인할 수 없는 인성 교육을 어떻게 지도해야 할까요?

초등학생들은 인성 요소들에 대하여 개념적으로 이해는 하지만, 구체적으로 어떻게 해야 인성 요소를 실천할 수 있는지에 대해서는 추상적이고 막연한 생각만 갖고 있을 뿐입니다. 그래서 아이들이 잘하는 말들이,

 "친구를 배려하겠습니다."

 "축구 경기에서 이길 수 있도록 협동해야 합니다."

라고 이야기하면서 구체적인 실천 방법에 대해서는 쉽게 이야기하지 못하는 것이 현실입니다.

라이프스킬 교육은 체육과 교육과정에서 제시하고 있는 인성 가치 요소들을 구체적으로 실천할 수 있는 방법을 알려주는 교육으로도 이해할 수 있습니다. 즉 학생들에게 어떻게 하면 친구를 존중할 수 있고 배려할 수 있으며, 협동을 하기 위해서는 어떠한 기술들을 연습하고 실천하면 되는지를 구체적으로 안내하는 교육 방법이라 할 수 있습니다.

체육수업에서의 라이프스킬 교육

2022 개정 체육과 교육과정에서는 활동적이고 창의적인 삶, 건강하고 주도적인 삶, 신체활동 문화를 향유하며 사회 속에서 바람직하고 더불어 사는 삶을 추구하고 있습니다(교육부, 2022).

이를 구체적으로 설명하기 위해 체육과 교육과정에서는 내용 체계의 가치·태도 범주를 통해 영역별 핵심 아이디어 및 인성 가치 요소를 제시하고 있는데, 이를 요약하면 아래의 표와 같습니다.

● 체육과 영역별 핵심 아이디어 및 인성 가치 요소(교육부, 2022)

영역	핵심 아이디어	가치·태도 내용 요소	
		3~4학년	5~6학년
운동	• 운동은 체력과 건강을 관리하는 주요 방법으로, 생애 전반에 걸쳐 건강한 삶의 토대가 된다. • 체력은 건강의 기초가 되며, 건강은 신체적 특성에 맞는 운동과 생활 습관을 계획하고 관리함으로써 증진된다. • 인간은 생활 속에서 운동을 즐기고, 심신의 건강을 유지하며, 행복한 삶을 영위한다.	• 긍정적 신체 인식 • 운동 및 건강에 관한 관심 • 운동 및 건강 습관 실천 의지	• 체력 운동 참여의 근면성 • 체력 증진을 위한 끈기 • 성장 발달의 차이 공감 • 안전사고에서의 침착성

영역	핵심 아이디어	가치 · 태도 내용 요소	
		3~4학년	5~6학년
스포츠	• 스포츠는 인간이 제도화된 규범과 움직임 기술을 바탕으로 타인 및 주변 세계와 소통하며 바람직한 구성원으로 성장하는 데 이바지한다. • 스포츠는 인간이 환경과 상호작용하고 다양한 기술과 창의적인 전략을 발휘하며 한계를 극복하는 과정에서 발달한다. • 인간은 스포츠를 다양한 방식으로 체험함으로써 움직임의 즐거움을 느끼고 활동적인 삶의 태도를 배운다.	• 움직임 수행의 자신감과 적극성 • 최선을 다하는 태도 • 게임 규칙 준수 • 스포츠 환경에 대한 개방성 • 스포츠 활동 참여의 적극성	• 목표 달성 의지 • 상대 기술 인정 • 팀원과의 협력 • 구성원 배려 • 스포츠 환경을 아끼는 태도 • 스포츠 환경에 감사하는 태도
표현	• 표현 활동은 인간이 신체 움직임에 생각과 감정을 담아 심미적으로 표현하는 과정에서 창의적인 삶의 태도를 형성하고, 예술적 신체 활동 문화를 향유할 수 있도록 한다. • 표현 활동은 기본 움직임에 표현 원리가 적용되어 다양한 유형으로 구현되며, 구성 및 창작의 과정을 통해 발달한다. • 인간은 다양한 표현 활동을 체험함으로써 움직임의 심미적 가치를 내면화하며 자유롭고 주체적으로 사는 방법을 터득한다.	• 움직임 표현에 대한 호기심 • 움직임 표현에 대한 감수성	• 다양한 표현 활동 유형에 대한 수용적 태도 • 움직임 표현의 심미성 추구

먼저 체육과 교육과정에 제시된 핵심역량을 실천하기 위한 하위 요소를 분석하고 학년 초 학급을 경영하며 학생들의 생활 모습을 관찰하고 지도하며 이들에게 필요한 역량은 무엇일까 고민해 보았습니다.

그 결과, 학생들에게 가장 필요하다고 생각되는 라이프스킬 몇 가지를 추출할 수 있었습니다.

라이프스킬의 대영역을 '나'와 '우리'의 2가지로 분리하였으며, 학생들이 쉽게 이해할 수 있도록 기존의 인성 가치 요소들을 라이프스킬 교육에 접목하기로 하였습니다. 학생들에게 친숙한 개념으로서의 인성 가치 요소들을 '라이프스킬을 담는 바구니'라고 소개하였습니다. 그리고 바구니의 이름들이 곧 라이프스킬은 아니고, 앞으로 우리들은 이 바구니를 채우기 위한 구체적인 라이프스킬들을 발견하고 실천해야 한다고 안내하였습니다. 교육과정과 인성교육진흥법을 바탕으로 추출한 10가지의 라이프스킬 바구니는 다음의 그림과 같습니다.

● 라이프스킬 바구니로서의 인성 가치 요소

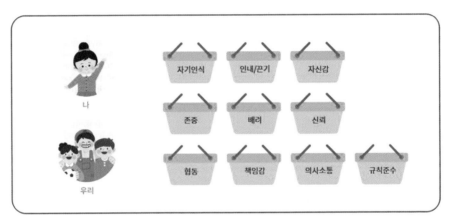

(그림: 비상교육 비바샘)

학생들에게는 체육수업 참여를 통해 이들 바구니에 들어가기 위한 구체적인 라이프스킬을 발견하고 실천하는 방법들을 안내하였습니다.

10가지의 라이프스킬 바구니를 그 자체로 라이프스킬이라고 이해하기보다 라이프스킬을 구체적인 행동 수준으로 분류하기 위한 기준이라고 생각하면 됩니다. 즉, '배려'는 라이프스킬이 아니고, '배려'를 하기 위해 구체적으로 실천할 수 있는 다양한 행동 방법들을 스킬로 바꾸어 표현한 것들을 라이프스킬로 부른다고 안내합니다. 예를 들어 '넘어진 친구 일으켜 주기', '실수한 친구 비난하지 않고 응원하기' 등 구체적인 행동 기술들을 라이프스킬로 부르기로 약속하고, 앞서 안내하였던 '배려'의 라이프스킬 바구니에 포스트잇을 붙여 하나씩 채워나가도록 지도합니다.

라이프스킬 중심 체육수업의 시작 : 친숙해지기

라이프스킬 중심 체육수업을 처음 시작할 때는 학생들이 라이프스킬 개념에 친숙해지도록 하는 것에 목적을 두었습니다. 따라서 라이프스킬의 개념을 발견하기 위하여 다음과 같은 몇 가지 주안점을 두어 수업을 운영하였습니다.

○ 라이프스킬 바구니 찾기 활동

학생들에게 친숙한 '인성' 개념을 활용하여 라이프스킬 바구니 찾기 활동을 집중적으로 실시하였습니다. 체육수업 활동의 다양한 경험을 10가지 라이프스킬 바구니에 맞추어 해석하도록 하였습니다.

○ 상황과 이유를 구체적인 행동 수준으로 설명해 보기

학생들이 라이프스킬 바구니 찾기 활동에 익숙해지면, 상황과 이유를 구체적인 행동 수준으로 설명하도록 하였습니다. 이는 추상적인 인성 개념을 손에 잡히는 구체적인 개념으로 변환시키기 위한 매개 활동으로 이해할 수 있습니다. 학생들은 체육수업 중에 발생하는 긍정적·부정적 경험에 대하여 구체적인 상황과 당시에 느낀 감정을 구체적으로 설명하고, 자신들에게 필요한 라이프스킬 바구니를 스스로 찾도록 연습하였습니다.

 "선생님이 공 빼앗기 게임을 하는데, 넘어진 친구를 일으켜 주는 모습을 보았어요. 어떤 상황이었는지 이야기해 줄래요?"

 "공을 차지하려고 하다 보니까 저희 둘이 동시에 공을 발로 찼어요. 그런데 제가 중심을 잃어버려서 넘어질 뻔했는데, 옆에 있는 친구를 살짝 밀치면서 그 친구만 넘어졌어요. 그래서 미안한 마음이 생겨서 일으켜 주었어요."

 "지금 이 상황을 라이프스킬 바구니에 담는다면 어디에 넣을 수 있을까요?"

"'배려'입니다. 넘어진 친구의 마음을 배려하면서 일으켜 준 거예요."

O 행동 수준을 '스킬'로 바꾸어 표현해 보기

　라이프스킬 바구니 찾기와 구체적인 행동 수준의 합리적인 설명이 가능해지면, 행동 수준을 '스킬'로 바꾸어 표현하도록 합니다. 라이프스킬과 친숙해지기 위한 초기 단계에서는 학생들이 라이프스킬에 대한 개념을 기존의 인성 요소와 혼동하는 경우가 많이 발생합니다. 이때 교사는 역량과 관련되는 인성 가치 요소는 라이프스킬을 담는 바구니일 뿐이고, 우리는 그 바구니 안에 담을 수 있는 구체적인 기술을 발견하는 것이 중요하다는 것을 강조할 필요가 있습니다. 그리고 그 기술을 우리가 실천할 수 있는 쉬운 말로 표현할 수 있도록 안내하여 학생들의 이해를 돕습니다.

"지금 이 상황을 라이프스킬 바구니에 담는다면 어떤 내용으로 넣을 수 있을까요?"

"'친구를 배려하기'입니다."

"'친구를 일으켜 주면서 배려하기'입니다."

"우리는 '배려'라는 바구니에 담을 것이기 때문에 라이프스킬에서 '배려'라는 말은 넣지 않아도 됩니다. 조금 더 구체적인 상황으로 표현해 볼까요?"

"'넘어진 친구에게 손을 내밀어서 일으켜 주기'라고 하면 좋겠습니다."

"좋습니다. 여러분들이 '넘어진 친구에게 손을 내밀어서 일으켜 주기'의 라이프스킬을 실천하면 친구에 대한 배려의 마음을 키울 수 있습니다."

교사는 수업 중에 발생하는 학생들의 행동과 다양한 문제 상황들을 세심하게 관찰하고, 구체적인 문제 상황으로부터 라이프스킬을 이끌어 내기 위하여 어떠한 발문을 활용하느냐가 중요합니다. 교사가 활용할 수 있는 유형별 발문은 다음의 표와 같습니다.

● 라이프스킬에 친숙해지기 위한 교사의 발문 유형 (예시)

발문 유형	상황	구체적인 예
인지적 발문	• 이전에 학습한 내용을 본차시에서 재생하기 위하여, 학습한 정보를 확인하기	Q: 지난 시간 우리는 같은 팀원들이 모두 잘할 수 있다고 믿고 패스를 주저하지 않기로 약속했습니다. 이를 실천하기 위한 라이프스킬은 무엇이었나요?
수렴적 발문	• 학생들의 다양한 의견의 유사점과 차이점을 종합하여, 라이프스킬 개념을 확정하기	Q: 왕복달리기를 하는데 자신의 체력 수준을 생각하지 않고, 무리하게 뛰어다니다가 힘들어하는 학생이 있었어요. '자신의 운동과 체력 수준 인식하기'. 이것은 어떤 라이프스킬 바구니와 관련되나요?
확산적 발문	• 체육수업 중 발생하는 문제 상황에 대하여 자유롭게 의견을 교환하고, 이를 해결하기 위한 다양한 측면의 라이프스킬 찾아내기	Q1: 축구를 잘하는 친구가 한 명 있어요. 같은 팀 친구들에게 계속 자신에게만 패스하라고 요구했어요. 여러분들은 이 축구 게임에서 우리가 추구해야 하는 목적과 가치가 무엇이라고 생각하나요? A1: 이기는 것도 중요한데 같이 즐겁게 참여하는 것이 더 중요해요. Q2: 함께 즐기기 위해서 우리에게는 어떤 라이프스킬이 필요하나요? 라이프스킬 바구니를 찾고 구체적인 행동 수준으로 설명해 봅시다.
평가적 발문	• 체육수업 중 발생하는 문제 상황에 대하여 학생 스스로 평가하고 라이프스킬의 필요성을 인식하도록 하기	Q: 골프 게임을 하는데 어떤 학생이 공을 멀리 치고는 가져오지 않고 모른 척하고 있는 모습을 보았어요. 이러한 상황에 대하여 어떻게 생각하나요?

★ 🧑 **혁준 쌤의 지도 팁!**

✔ 학생들이 라이프스킬에 친숙해지면 수업 중 구체적인 행동 수준의 용어로 설명하도록 유도합니다. 이후 이를 스킬로 바꾸기 위한 연습이 필요합니다.

[예시]

'농구'의 스포츠스킬: 드리블, 패스, 슛하기

'배려'의 라이프스킬: 내가 던진 공은 내가 주워오기, 친구가 받기 쉽도록 정확하게 공을 던져 주기, 넘어진 친구에게 손을 내밀어 일으켜 주기

✔ 학생들이 스스로 라이프스킬을 발견하고 만드는 활동에 익숙해진 후, 이를 수업 중에 반복적으로 연습하고 행동할 때 비로소 라이프스킬 중심의 체육 수업을 실천할 수 있습니다.

3
체육수업에서
라이프스킬과의
첫 만남

라이프스킬 수업을 어떻게 시작하면 좋을까요? 학생들에게 라이프스킬은 무엇이고, 왜 필요한지를 설명하지만, 그들에게 라이프스킬은 그저 보기 좋은 떡으로만 보일 뿐입니다. 라이프스킬을 처음 소개하면서 학생들의 마음에 더 와닿을 수 있도록, 라이프스킬을 실천하면 우리의 학교생활에도 큰 도움이 된다는 것을 구체적으로 깨달을 수 있는 수업이 되기 위하여 어떻게 지도해야 할까요?

생활 속에서
이야기 소재 꺼내기

 라이프스킬 첫 수업에서는 '최선, 자신감, 배려 등' 다양한 교육적 소재를 활용할 수 있습니다. 저는 학년 초 학생들의 생활 모습을 지켜보면서 우리 반 아이들이 사회적 관계 형성이 많이 서툴다는 것을 발견하였습니다. 그리고 라이프스킬 첫 만남의 주제를 '친구와의 소중한 우정'으로 정하고 수업을 시작합니다. 먼저 학교생활을 하면서 친구 때문에 속상했던 기억, 친구에게 고마웠던 이야기를 구체적으로 쓰도록 했습니다. 아이들이 쓴 몇 가지 예시입니다.

예시 ①: 학교 수업이 끝나고 교과서를 들고 사물함에 가서 정리를 하는데 어떤 친구가 내 머리를 누르면서 "덩크슛!"이라고 말해서 머리도 아프고 기분도 아주 나빴다. 그 친구가 그래도 미안하다고 해주어서 조금 나아졌다. 앞으로는 조심해 줘!

예시 ②: 친구들이 쉬는 시간에 나를 쳐다보면서 귓속말을 하고 있었다. 혹시 나의 나쁜 점을 말하는 건가 해서 물어보았다. 그러니까 친구들이 킥킥대고 웃으며 말했다. "왜냐고? 넌 키가 작잖아." 그 말을 들었을 때 기분이 나쁘기도 하고 속상하기도 하고 키가 큰 친구들이 부럽기도 했다.

예시 ③: 친구가 자리 청소를 끝내고 내 자리 청소를 같이 해주고 도와주어서 고마웠다. 그리고 내 자리가 아주 깨끗해져서 더 고마웠다. 다음에는 나도 친구가 청소할 때 함께 도와줘야겠다.

예시 ④: ○○가 분리수거 할 때 짐이 많아서 같이 들어주었다. 기분이 좋았고 고마웠다. 학교에서 『가방 들어 주는 아이』라는 이야기를 들었을 때 주인공이 친구에게 고마워하면서 감동받았던 이야기가 떠올랐다. 나도 주변에 도움이 필요한 친구가 있다면 망설이지 말고 도와주기 위해 노력해야겠다.

친구들이 쓴 학교생활의 이야기를 읽어주고, 글쓴이의 감정에 공감하기 위한 발문을 합니다.

"나에게 똑같은 일이 일어났다면 기분이 어땠을까요?"

"그 친구가 속상했던 이야기를 듣고 힘들었던 친구의 마음을
이해하게 되었다면 놀림을 했던 친구가 어떤 생각이 들까요?"

"친구가 고마웠던 이유가 무엇인가요?"

학생들은 교과서에 나오는 이야기 보다, 우리 교실에서 있었던 친구
의 이야기에 더 관심을 가지고 마음을 열게 됩니다. 선생님의 발문을
통해 학생들은 우리 반 친구들이 모두 행복해지기 위해, 친구와의 소
중한 우정을 지키기 위해 어떻게 행동해야 하는지를 잠재적으로 깨달
을 수 있습니다.

[활동 1] 친구와 사이좋게 지내기 위한 라이프스킬 알아보기

○ 라이프스킬 바구니 소개하기

학생들에게 지도해야 하는 가치·태도로서의 미래 역량은 친구들
과의 사회적 관계의 복잡성에 따라 개인적 – 대인적 – 사회적 태도
로 확대됩니다. 즉, 개인적 기술과 함께 타인이나 환경, 규칙, 정신 등
과 같이 고도화된 관계 속에서 규정하고 있는 사회적 규범에 따르는
태도가 요구되는 것입니다. 친구와 사이좋게 지내기 위한 라이프스킬
을 알아보기 위해 먼저 친구들과의 관계에서 실천할 수 있는 10가지

라이프스킬 바구니를 소개합니다. 라이프스킬 바구니에는 '나'를 위한 개인 기술로서 '자기 인식, 인내/끈기, 자신감'이 있습니다. '우리'를 위한 대인 기술로서 '존중, 배려, 신뢰, 협동, 책임감, 의사소통, 규칙 준수'를 안내합니다. 오늘의 수업에서 학생들에게 강조하고 싶은 라이프스킬 바구니 3개(존중, 배려, 의사소통)를 선정하고 시각자료를 활용해 제시합니다.

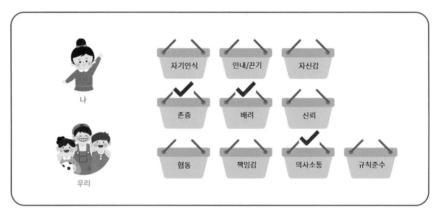

(그림: 비상교육 비바샘)

학생들은 친구와의 우정에 대하여 존중, 배려, 의사소통의 바구니에서 실천할 수 있는 구체적인 라이프스킬을 발견하는 것이 수업의 목적이 되었습니다. 먼저 학생들이 이들 라이프스킬 바구니의 개념을 어떻게 이해하고 있는지를 발문을 통해 확인합니다.

"존중, 배려, 의사소통은 어떠한 것을 의미하나요?"

"존중은 친구를 무시하지 않고 이야기도 들어주고 소중하게
생각하는 것입니다."

"배려는 양보하고 친구를 아끼는 것입니다."

"의사소통은 친구와 이야기를 나눌 때 서로의 생각을 정확하게
이해하기 위한 것입니다."

교사는 학생들의 생각을 확인하고, 3가지 라이프스킬 바구니와 관
련하여 교실에서 우리가 꼭 지켰으면 좋겠다고 생각하는 라이프스킬
을 카드로 제시하여 '라이프스킬 바구니와 구체적인 라이프스킬'을 연
결하는 게임 활동을 안내합니다.

○ 라이프스킬 발견 게임하기

라이프스킬 발견 게임은 친구와 사이좋게 지내기 위한 라이프스킬
알아보기 두 번째 지도 전략으로, 학교생활 속에서 실천할 수 있는 라

이프스킬을 발견하는 방법을 안내하기 위한 활동입니다. 구체적인 게임 활동 방법은 다음과 같습니다.

● 라이프스킬 발견 게임 규칙

① 라이프스킬 예시 카드 중 '존중, 배려, 의사소통'과 관련 있는 것들을 골라서 분류한다.

② 분류된 카드 중 하나씩 골라 자신의 경험과 관련된 이야기를 나눈다.

③ 모둠원들과 이야기를 나눈 후 우리에게 가장 필요하다고 생각하는 라이프 스킬 하나를 골라 큰 메모지에 적는다.

④ 모둠에서 선택한 라이프스킬을 실천할 때 어떤 점이 좋아질지 예상하여 반 전체 친구들에게 발표한다.

모둠별로 라이프스킬 예시 카드를 10가지 나누어 주고, '존중, 배려, 의사소통'의 바구니와 관련지어 분류하는 활동입니다. 학생들은 카드를 보고 적합한 바구니를 찾아 분류하고, 분류가 끝나고 나면 자신이 직접 경험하거나 또는 간접적으로 보았던 경험과 관련지어 모둠원들에게 소개합니다.

"친구의 외모를 보고 '잘생겼다, 못생겼다' 평가하지 않는 것은 존중에 들어갈 수 있어. 생긴 것과 상관없이 누구나 소중한 사람이기 때문이야."

"우리 선생님이 쉬는 시간마다 우유 마시라고 말씀하시는데, 내가 먼저 우유를 잘 챙겨 먹으면 선생님을 배려하는 거라고 생각해. 매일 소리 지르시면 얼마나 힘드시겠어?"

"친구의 이야기를 끝까지 귀 기울여 듣는 것은 그 친구를 존중하는 것도 맞지만, 우리가 서로의 생각을 더 잘 주고받을 수 있는 의사소통에 더 적합한 기술이라고 생각해."

모둠원들은 서로의 생각을 나누면서 라이프스킬 카드를 바구니에 분류하게 됩니다. 각각의 라이프스킬 카드에 대한 구체적인 사례를 떠올리면서 근거를 들어 설명하다 보면, 모둠마다 조금씩 다른 결과로 카드가 분류되는 것을 볼 수 있습니다.

[활동 2] 소중한 친구가 되기 위한 라이프스킬 약속하기

학생들이 자신의 학교생활을 반성적으로 성찰하면서, 친구들 앞에서 꼭 지키고 싶은 라이프스킬을 소개하고 실천을 약속하는 공언하기 활동입니다. 자신의 학교생활을 돌아보면서, 내가 잘하고 있거나 또는 부족한 점을 찾도록 합니다. 우리 반 친구들과 소중한 우정을 키워가기 위한 구체적인 라이프스킬을 하나씩 적고 그 이유도 적어본 다음 잔잔한 음악이 흐르는 교실에서 학급 인원 모두가 돌아가며 라이프스킬 실천을 약속하는 기회를 부여합니다.

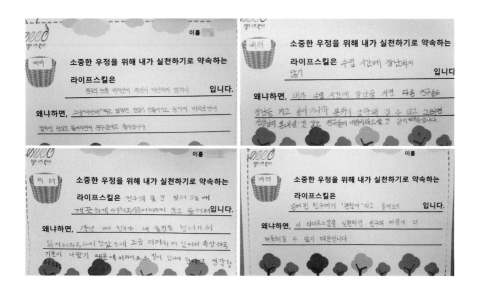

학생들은 자신이 직접 만든 라이프스킬을 친구들에게 소개하고, 실천하겠다는 약속의 다짐을 통해 역량으로서의 라이프스킬 교육이 인지적 수준에서 머무르지 않고 실천적 지식으로 확장할 수 있는 기회를 얻게 됩니다.

[확장] 생활 속에서 실천하기

학생들의 다짐이 생활 속에서 구체적인 실천의 노력으로 이어지도록 하기 위한 지도 전략이 중요합니다. 매일 작성하는 학습 플래너의 '나의 하루 돌아보기'란을 만들어, 나 그리고 친구가 약속한 라이프스킬을 함께 실천한 노력의 결과를 구체적으로 작성하도록 합니다.

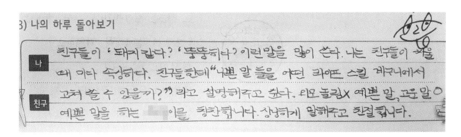

1주일에 한 번씩 학습 플래너를 검사하면서 라이프스킬을 실천하고 있는 노력의 정도에 따라 라이프스킬 쿠폰 카드의 스티커를 0~3개까지 나누어 줍니다. 학생들에게 사전에 라이프스킬 쿠폰 카드의 의미를 안내하고, 학습 플래너를 활용해 실제 실천의 결과가 누적적으로 기록될 수 있도록 안내하였을 때 실천 동기 또한 강화된다는 것을 알 수 있습니다.

정리하기

학생들에게 학교생활과 관련된 소재를 활용하여 라이프스킬과 친숙해지는 수업을 진행하였을 때, 아이들은 라이프스킬이 자신의 삶에 유용하고 실천하기 위해 노력해야겠다는 인식을 가질 수 있습니다. 라이프스킬의 개념과 실천 방법을 이해한 아이들에게 '학습 플래너와 라이프스킬 쿠폰 카드'뿐만 아니라 '라이프스킬 자격증 제도, 라이프스킬 나무 만들기'를 통한 라이프스킬 친화적 학급 분위기를 제공하면, 긍정적인 학급 분위기 속에서 라이프스킬에 흠뻑 젖어 들며 실천하기 위해 노력하는 모습을 발견할 수 있습니다.

4

라이프스킬
친화적
학급 분위기 조성

라이프스킬 수업의 최종 목표는 학교에서 학습한 지식이 학교를 넘어 일상 생활 속으로 전이되어 실천되는 것입니다. 라이프스킬 수업이 효과를 얻기 위해서는 학생들의 체육수업뿐만 아니라 학급 전체 분위기에서도 라이프스킬 친화적인 환경이 조성되어야 합니다. 이번 장에서는 학교생활 전반과 연결된 학급 경영을 통해 학생 스스로 라이프스킬에 대한 동기 부여를 할 수 있도록 돕는 방법을 소개합니다.

라이프스킬 중심의 학급 경영 전략

 라이프스킬 교육은 학생들이 습득한 기술이 수업에만 머무르지 않고, 학교생활 전반과 일상생활에도 전이되어 실천되는 것이 중요합니다. 이를 위해 체육교과 지도뿐만 아니라 전반적인 학급 운영에서도 라이프스킬 습관화를 위한 2가지 전략을 활용하였습니다.

[활용 1] 프레네(Frenet)의 아동중심교육

프레네의 아동중심교육은 학생들이 스스로 판단하고 행동할 수 있는 자율성을 보장하며, 교사와 학생을 수직적인 관계가 아닌 수평적 관점에서 바라보고 수업에서 학생의 선택권을 강화하기 위한 주요 전략으로 활용하였습니다. 수업의 계획에서부터 실천, 평가, 반성에 이르기까지 전 과정에서 학습자의 주도적 학습을 강조한 프레네의 원사상을 그대로 반영하진 않았지만, 학생을 수업의 주체로 참여시키며 자신의 흥미와 실력을 고려한 주도적인 학습 참여가 이루어지도록 디자인하였습니다.

예를 들어 경쟁형 활동의 팀 편성에서 학생들에게 '성별, 운동 능력, 교과 선호도 등'의 기준을 제시하고, 학생들 스스로 팀을 편성하여 실제 활동에 참여하게 한 후 자신들의 결정을 반성하고 차후 이를 발전시키는 방안을 스스로 찾아보도록 하였습니다.

초기 한 달 동안 학생들은 자신의 개인적 이익과 친밀도를 고려하여 모둠 편성을 하는 사례가 다수 발생하였으나, 시간이 지날수록 공동의 목적을 인식하고 합리적인 팀 편성을 위해 노력하는 모습이 관찰되었습니다.

실천	평가	반성
학생들 스스로 팀을 편성하여 실제 활동에 참여함	활동 과정을 평가함	평가 결과를 토대로 자신들의 결정을 반성하고 발전 방안을 스스로 찾아봄

[활용 2] 케이건(Kagan)의 협동학습모형

케이건은 협동학습모형을 효과적으로 활용하기 위하여 다음과 같은 4가지의 조건을 제시하였습니다(김대권, 신현숙, 이승현, 정성화, 2013).

1) 협동학습을 통해 학급 구성원들의 긍정적인 상호의존
2) 구성원들의 협동을 강조하면서도 동시에 개인에 대한 책임을 묻기 위한 개인적 책임

3) 학습자 모두의 적극적인 참여를 유도하기 위한 동등한 참여
4) 모든 학생들이 수업에 적극적으로 참여하여 학습 목표를 이루기 위한 동시다발적인 상호작용

케이건의 협동학습모형을 참고하여 모둠원 상호 간의 강점을 찾아보고, 개인별 역할 부여를 통한 책임감 있는 학습 참여를 강조하였습니다. 이어서 체육수업에서도 이를 활용하여 활동 유형에 따라 같은 방법으로 학생들을 지도하였습니다.

라이프스킬
친화적 학급 환경 조성

 프레네와 케이건의 이론을 활용하는 것과 함께 라이프스킬 중심 체육수업을 운영하면서 학급 운영 목표를 '전인적 청소년 육성을 위한 라이프스킬 기르기'로 설정하였습니다.

2개월을 주기로 협동학습 운영을 위한 모둠을 재편성하였으며, 새로운 모둠이 만들어지면 '모둠원의 역할 부여, 모둠원들의 강점 찾기, 모둠 규칙 만들기'를 통한 모둠 세우기 활동에 많은 시간을 투자하였습니다. 또한 학급에서 학생들 간의 갈등 상황이 생겼을 때, 교사가

상황을 판단하여 학생을 꾸짖거나 일방적으로 지도하지 않고 학생 스스로 라이프스킬을 적용하여 해결할 수 있도록 지도하였습니다. 아래의 대화 내용은 라이프스킬을 활용한 학생 간의 갈등 문제를 해결하기 위한 지도의 예입니다.

★ 철수가 영희의 필통을 쓰레기통에 버린 상황

"철수야, 영희가 너 때문에 왜 속상한지 알지? 왜 그랬을까? 네가 무엇을 잘못했는지 '라이프스킬'로 설명해 보겠니?"

"제가 영희를 배려하지 못했어요. 다른 방법으로도 충분히 해결할 수 있었는데 제가 너무 욱한 것 같아요."

"좋아. 철수가 하지 못한 '배려'를 더 잘 실천할 수 있도록 오늘 경험을 라이프스킬로 만들어보자."

"음···. '화가 날 때 욱하지 말고 친구의 입장에서 한번 생각해 보기.'라고요."

"그럼 영희는 철수가 왜 화가 났는지를 생각하면서 같은 방법으로 라이프스킬을 만들어 보렴."

"저는 의사소통이요. 제가 더 친절하게 말했으면 철수가 기분 나쁘지 않았을 거예요. 라이프스킬은 '친구가 이해할 수 있도록 차분하게 내 생각 이야기하기'라고 할 수 있어요."

"그럼 각자 자신에게 부족한 라이프스킬을 1주일 동안 의도적으로 실천하고 느낀 점을 플래너에 적어 오세요."

학생들은 라이프스킬 덕분에 선생님이 자신들을 더 많이 존중해 주고 스스로가 학급 운영의 리더로서 주도권을 가지고 있음에 만족해했습니다. 이러한 학급 운영 전략은 학생들에게 라이프스킬에 대한 긍정적인 인식을 형성하는 데 도움이 되었습니다.

나아가 체육수업뿐만 아니라 전체 학급 경영이 라이프스킬을 중심으로 일관되게 운영되면서 친숙하고 필수적인 개념으로서의 이미지를 형성하는 효과가 있었습니다.

○ 라이프스킬 자격증 제도

　프레네(Frenet) 아동중심교육의 관점에서 학생들의 자발적인 학습 동기를 자극하기 위하여 '라이프스킬 자격증 제도'를 시행하였습니다. 이는 학생들이 체육수업을 통해 더 이상 새로운 라이프스킬을 찾기 위한 활동의 동력이 떨어지고, 학급 생활 중에도 이를 실천하고자 하는 분위기가 많이 저조해진 틈을 타 마련한 전략입니다.

✔ 라이프스킬 자격증 제도의 운영 방법

체육수업에서 발견한 라이프스킬을 포스트잇에 구체적으로 작성한 후, 칠판에 부착된 라이프스킬 바구니에 붙이기

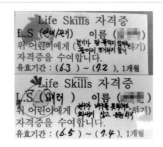

일지를 통해 라이프스킬을 반복적으로 실천한 것이 입증되면, 해당 라이프스킬 자격증 부여하기

1주일 동안 5번 이상 칠판에 부착된 라이프스킬을 실천한 학생들에게 '라이프스킬 실천일지'를 제출하도록 하기

자격증의 유효기간은 한 달이며, 교실 뒤 라이프스킬 자격증 현황판에 한 달간 게시하고 이후 가정으로 가지고 가기

라이프스킬 자격증 제도의 목적을 사전에 학생들에게 충분히 안내하고 시행해 보았습니다. 그 결과, 고학년임에도 학생들은 라이프스킬을 발견하고 실천하는 활동에 적극적으로 참여하는 모습이 관찰되었습니다.

○ 라이프스킬 나무 만들기

초등학생들이 체육수업에서 학습한 라이프스킬을 장기 기억으로 전환하기 위해서는 어떻게 해야 할까요? 바로 학생들이 라이프스킬을 더욱 가까이서 보고, 쉽게 접할 수 있는 교실 환경을 마련하는 것이 필요합니다.

이를 위해 학생들이 스스로 발견한 라이프스킬의 정보를 종합하고 공유하기 위해서 '라이프스킬 나무'를 만들었습니다. 라이프스킬 나무는 우리들이 함께 발견하고 실천하기로 약속한 라이프스킬을 '나무'의 '열매'에 빗대어 학급에서 학생들이 손쉽게 결과물을 확인할 수 있는 방안입니다. 학생들은 우리 학급의 나무에서 열매가 무럭무럭 열리며 성장하는 모습을 통해 라이프스킬 함양이 잘 이루어지고 있음을 상징적으로 느낄 수 있습니다(백승현, 2018).

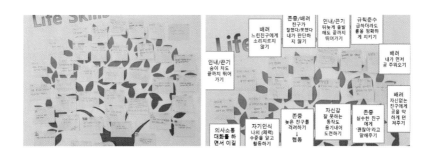

먼저 앞선 체육수업을 통해 학급 구성원들이 함께 실천하고자 하는 라이프스킬을 발견하고 이를 실천하기로 약속한 후, 다음 체육수업 시간에는 이를 실제 수업 상황에서 적극적으로 실천할 수 있도록 독려하였습니다. 체육수업에서는 인지적 지식이 실천적 지식으로 구현되기에 아주 적합한 환경이기 때문입니다. 몸으로 직접 체험하며 지식을 실천하면 체화된 지식으로 마음속에 더 오랫동안 간직할 수 있습니다. 학생들은 교사의 응원에 힘입어 수업 시간에 자신들이 약속한 라이프스킬을 적극적으로 실천합니다. 교사와 학급 친구들의 평가를 통해 실천의 성과가 확인되면, 라이프스킬 나무에 포스트잇을 활용하여 열매를 붙입니다. 포스트잇에는 학생들이 실천한 라이프스킬에 대한 내용을 적어 학습 성취물을 공유하도록 합니다.

○ 생활 플래너를 통한 '1일 1라이프스킬'

학급에서는 학생들의 자기주도적 학습 능력 신장을 위해 생활 플래너를 작성하고 있었습니다. 학생들은 매일 학교에서 하루 동안 학습한 내용들을 생활 플래너에 기록하며, 하루의 시간 계획과 인성적 측면의 자기반성 등을 꾸준히 기록합니다. 교사는 학생들의 생활 플래너를 라이프스킬 지도와 병행하여 '1일 1라이프스킬'을 실천하고, 결과를 기록하도록 장려하였습니다. 학생들이 라이프스킬을 일상에서 의도적으로 실천하도록 하기 위한 전략으로, 가정에서 학부모들의 연계 지도가 가능하도록 학기 초 '라이프스킬 지도 방법에 대한 학부모 설명회'도 함께 진행하였습니다.

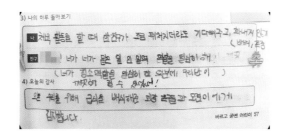

학생들이 일상생활에서도 의도적이고 반복적으로 라이프스킬을 실천할 수 있도록 지도하는 방법에는 다음과 같이 다양한 전략을 활용할 수 있습니다.

● 예시

· '1일 1라이프스킬'을 기록할 수 있는 라이프스킬 달력 만들기
· 라이프스킬 실천 스티커 모으기
· 라이프스킬 실천 쿠폰 만들기

 혁준 쌤의 지도 팁!

학생들이 라이프스킬을 의도적으로 실천하고자 하는 노력은 매우 중요합니다. 학교에서의 교육 활동이 가정에서도 연계되어 이루어질 수 있도록 학부모를 통한 모니터링 결과를 종합하는 것도 하나의 좋은 방법입니다. 가정에서도 학생의 문제 상황을 해결할 때, 꾸짖음과 체벌보다 학생 스스로 라이프스킬로 문제 상황을 해결할 수 있도록 기회를 부여한다면 라이프스킬 전이에도 커다란 도움이 될 수 있을 것입니다.

역량함양을 위한
라이프스킬 실천 동기
강화 전략

라이프스킬 교육은 학교에서의 실천 경험이 일상에서의 삶과 연결되어, 개인의 정서 함양과 대인관계 향상에 기여하는 것을 목표로 합니다. 그렇기 때문에 성공적인 라이프스킬 교육을 위해서는 학생들의 자율적인 학습 참여 태도가 매우 중요합니다. 학생들은 교사 주도의 교수보다 능동적이고 자율적으로 결정하고 행동하는 것을 선호하기 때문입니다. 이번 장에서는 학생들이 교사의 요구에 수동적으로 반응하기보다, 라이프스킬 실천의 능동적인 학습 참여자로 성장할 수 있도록 동기를 강화할 수 있는 전략에 대하여 알아보겠습니다.

체육수업에서의
전인교육

 체육수업에서 전인(全人)은 '지덕체가 균형 있고 조화롭게 발달한 사람'을 의미합니다. 우리가 체육수업에서 추구해야 할 방향 역시 궁극적으로는 스포츠를 통한 학생들의 신체적, 정신적, 사회적 측면의 조화된 발달이라고 볼 수 있겠지요. 그렇기에 체육수업을 통해 운동 기능 향상뿐만 아니라, 학생 스스로 자신에게 적합한 학습 목표를 설정하고 이를 학습하기 위한 자기 조절* 학습 전략을 강조할 필요가 있습니다. 적합한 학습 전략을 효과적으로 사용하는 학생들은 학업적 자기 효능감과 학습 능력에 대한 신념, 새로운 목표 설정에 대한 기대감 측면에서 긍정적인 교육적 효과를 보여 왔습니다(정남숙, 2014).

체육수업에서의 성과는 운동 기능을 중심으로 경쟁적인 요소에 초점을 맞추기 쉽습니다. 협력과 인성 가치를 이끌어 내기 위한 교사의 외침도 승패를 겨루는 경쟁 상황에서는 공허한 메아리에 그치기도 합니다. 체육수업이 전인(全人)으로서 성장을 지원하기보다, 승리를 위해 수단과 방법을 가리지 않는 전인(戰人)을 양성하는 위험을 초래하는 것이지요(최의창, 2018). 그렇다면 체육수업이 '전인(全人)교육'으로서의 가

---

* 자기 조절: 학습 목표 달성을 위해 학습자 스스로의 인지적, 행동적, 사회적 학습 체제를 활성화시키고 유지하는 것.

치를 지니려면 어떻게 해야 할까요?

그 답은 바로 신체 활동을 통한 전인교육의 연결고리를 만드는 역량 함양 교육에 있습니다(최의창, 전세명, 2011). 라이프스킬 함양을 위한 심리적 동기에는 학생들의 운동 능력을 비롯하여 동료와의 긍정적 관계 형성, 자율적인 수업 환경 조성 등이 중요한 영향을 미칩니다(이옥선 등, 2011).

이 점을 고려하여 이번 장에서는 학생들의 자율성이 보장된 가운데 자기 조절 학습으로서 역량을 함양할 수 있도록 '라이프스킬 실천 동기 강화 전략' 3가지를 소개합니다. 그동안 배운 활동들을 예시로, 함께 살펴보겠습니다.

[전략 1] 라이프스킬 마일리지 카드

첫 번째 전략은 라이프스킬 마일리지 카드를 활용하는 것입니다. 학생들은 자신의 행동에 대한 성과를 직접 눈으로 확인하게 될 때 학습의 내재적 동기가 강화됩니다. 이 점을 고려하여 학생들에게 노력에 대한 즉각적인 보상을 줄 수 있도록 '라이프스킬 마일리지 카드'를 만듭니다.

라이프스킬 마일리지 카드를 학급에서 활용한다면 학생들이 본인의 라이프스킬 실천 상황을 스스로 인지할 수 있으며, 동기 부여를 통해 라이프스킬 실천을 습관화하는 데 도움을 얻을 수 있습니다.

라이프스킬 마일리지 카드 및 스티커

★ 혁준 쌤의 지도 팁!

'라이프스킬 마일리지 카드'는 교사가 도안을 직접 출력하여 원하는 모양으로 제작할 수 있습니다. 포털 사이트에서 '쿠폰 명함, 쿠폰 스티커 제작'을 검색하여 전문 업체를 통해 제작하면 학생들에게 보다 실제적인 형태의 마일리지 카드를 제공할 수 있습니다.

라이프스킬 마일리지 카드는 체육수업에서 어떻게 활용할 수 있을까요? 플로어 컬링 수업을 예로 살펴봅시다.

★ 관련 수업: 표적 활동과 라이프스킬 '플로어 컬링' → 205쪽

✔ 활용 방법

① 라이프스킬 실천을 유도할 수 있도록 수업 도입부에서 학생들에게 '오늘의 라이프스킬'을 안내합니다.

"컬링 스톤을 투구하기 전 팀원들과 토의하며 목표 지점을 정한 후, 대충 투구하지 않고 집중하여 정확하게 던지기 위하여 노력하세요."

"팀원의 투구가 성공했을 때 또는 팀원이 실수했을 때도 서로가 한팀이라는 마음으로, 다음에 더 성공적인 투구를 할 것이라는 믿음을 담아 팀 세리머니를 하세요."

② 수업이 진행되는 동안 교사는 팀원들이 서로 전략 토의하는 모습을 보며, 즉각적으로 피드백을 주거나 관찰 기록지에 표기합니다.

③ 스톤을 투구한 학생은 자신이 실천한 노력을 생각한 뒤, 모둠별로 배부한 화이트 보드에 자신이 정한 색의 자석 홀더를 붙입니다.

④ 활동이 종료되면 교사는 학생들의 라이프스킬 실천 점수를 종합합니다. 교사는 학급의 수업 전반 참여 태도를 고려하여 상위 몇 명의 학생을 선정한 후 '라이프스킬 마일리지 카드 스티커'를 배부합니다.

⑤ 라이프스킬 마일리지 카드를 모두 채우면 학생이 원하는 라이프스킬 자격증과 교환하며 격려합니다.

자석 홀더를 붙이는 아이들　　　　　　　라이프스킬 자격증을 교환하는 아이

 혁준 쌤의 지도 팁!

✔ 수업 중 교사가 세밀하게 관찰 평가하는 것은 힘들겠지만, 학생들이 교사가
관찰 기록지에 체크한다는 것을 인식할 경우 자기 평가의 신뢰를 향상시킬
수 있습니다.

✔ 라이프스킬 자격증과 함께 학급에서 운영 중인 다른 보상 방안이 있다면 이
와 연계하여 활용할 수 있습니다.

[전략 2] 라이프스킬 실천 협력 배(Co-Ship)

앞서 살펴본 '라이프스킬 마일리지 카드'가 개인의 행동과 실천 의지
를 강화하기 위한 전략이라면, '라이프스킬 실천 협력 배(Co-Ship)'는 모
둠원 전체가 원팀으로서 공동의 라이프스킬 실천 목표를 효과적으로

수행했을 때에 주어지는 보상 전략입니다. 이전에 배운 '라이프스킬 마일리지 카드' 활동과 연계하여 운용하면 더 효과적이며, 모둠원 중 누구라도 라이프스킬 10가지 바구니 중 하나의 자격증을 취득하면 협력 배의 관련된 라이프스킬 바구니의 네모 박스를 색으로 채울 수 있습니다.

★ 관련 수업: 라이프스킬 친화적 학급 분위기 조성 → 45쪽

✔ 활용 방법

① QR링크에 접속하여 '라이프스킬 실천 협력 배' 도안 파일을 다운로드한 후, 모둠 수에 맞게 출력합니다.

② 배의 머리에는 모둠명을 쓰고, 모둠원의 사진(또는 캐릭터)을 부착한 후 학급에 게시합니다.

③ 모둠원 중 누구라도 라이프스킬 실천 자격증을 취득하면, 자신의 모둠 협력 배의 관련 라이프스킬 박스를 원하는 색으로 칠합니다.

④ 모둠별로 라이프스킬을 실천해 라이프스킬 바구니가 모두 채워지면 배가 완성됩니다.

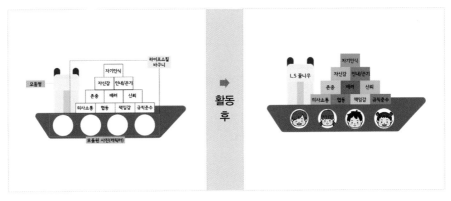

라이프스킬 실천 협력 배(Co-Ship) 활동 전·후
(그림: 비상교육 비바샘)

 혁준 쌤의 지도 팁!

✔ 체육수업뿐만 아니라 학교생활 전반에서 학생들이 라이프스킬 실천 자격증을 취득할 수 있습니다. 학생들은 빈 라이프스킬 바구니를 채우기 위해 생활 속에서 공동의 실천 목표를 꾸준하게 행동으로 옮기려 노력할 것입니다. 이렇듯 이 활동은 학교 생활과도 밀접하게 연결되기에 학급 경영에 효과적으로 활용할 수 있습니다.

✔ 학급에서 '라이프스킬 명예의 전당'을 만들어 학생들의 동기를 북돋을 수 있습니다. 완성된 '라이프스킬 실천 협력 배'를 명예의 전당에 게시한다면 해당 모둠 학생들의 성취감을 향상하는 동시에 다른 학생들의 목표 의식도 강화할 수 있을 것입니다.

[전략 3] 라이프스킬 점수판

　학생들은 신체 활동을 매개로 다양한 역량을 함양할 수 있고, 습득한 지식을 신체적으로 표현하기 위한 방법적 지식과 실천 의지를 함께 학습할 수 있습니다. 라이프스킬 중심 체육수업에서는 학생들의 신체 활동이 활발하게 일어날 때 라이프스킬도 다양하게 실천할 수 있는 기회가 주어지는 것입니다.

　그렇다면 어떻게 해야 움직임 역량을 함양하는 동시에 라이프스킬의 실천성과를 확인할 수 있을까요?

　이번에는 경쟁 활동에 라이프스킬 점수판 전략을 적용해 봅시다. 바로 운동 기능 중심의 점수판에 라이프스킬 실천 점수판을 병행하면서 새로운 방식의 경기를 운영해 보는 것이지요. 이 전략이 일반적인 점수판과 다른 점은 운동 경기를 진행할 때에는 기존 규칙대로 점수를 기록하지만, 경기를 마친 후에는 누적된 라이프스킬 실천 점수를 합산하여 우승 팀을 결정한다는 점입니다.

〈예시〉
- 기존 규칙대로 경기 점수를 비교했을 때: 11:9
- 경기 점수 + 라이프스킬 점수를 종합한 최종 결과: (11+2):(9+5) = 13:14

★ 관련 수업: 네트형 스포츠와 라이프스킬 '원 바운드 배구' → 279쪽

예시에 나온 것처럼 라이프스킬 점수판을 활용한다면 경기에서 점수가 조금 부족하더라도 약속된 라이프스킬을 적극적으로 실천하기 위해 노력한 팀은 최종 점수에서 역전할 수 있습니다. 그렇기 때문에 이 전략은 학생들의 운동 기능적 수준 차이를 넘어 경기 참여 분위기 전반에 긍정적인 영향을 미칠 수 있습니다.

★ 혁준 쌤의 지도 팁!

✔ 교사는 수업 주제와 활동 특성에 따라 라이프스킬 보상 전략을 선택하여 지도합니다. 이때 학생들이 보상에만 열중하지 않고 자기 주도적인 라이프스킬 실천 의지를 가질 수 있도록 동기 강화 전략을 수업에 활용합니다.

✔ 라이프스킬 보상 전략은 체육수업뿐만 아니라 학교생활 전반에서의 생활지도와 연계하여 활용하였을 때 더 큰 효과를 발휘할 수 있습니다.

팀 협력 향상을 위한 모둠 편성 전략

체육수업에서의 팀 편성은 교사들에게 큰 부담입니다. 학생들의 운동 기능 수준, 성별, 친밀도 등에 따라 팀 활동과 체육수업 전반에 미치는 영향이 크기 때문이죠. 학생들이 팀 내에서 공동의 목표를 향해 신체 활동에 적극적으로 참여하게 만들려면 어떻게 해야 할까요? 학생들이 움직임 역량과 함께 라이프스킬도 효과적으로 함양할 수 있는 모둠 편성 전략을 소개합니다.

팀 기반
체육수업의 중요성

 체육수업의 효과성과 효율성을 높이기 위해서는 팀 활동에 주목해야 합니다. 변형된 스포츠 활동은 본질적으로 팀 활동을 전제하고 있으며, 체육 용·기구를 활용한 운동 기능 연습이나 대인 경기에서도 팀 단위로 참여하는 경우가 많기 때문입니다.

팀 활동에 참여하는 학생들은 구성원들과 함께 공동의 목표를 설정하고 협력하며, 의사소통을 통한 사회적 역량을 함양할 수 있습니다(이병준, 이주욱, 김동환, 2017). 또한 계속 변화하는 경기 상황에서 다양한 감정을 조절하는 과정을 겪으며, 상대 팀에 대한 존중과 배려심은 물론 팀을 위해 헌신하는 책임감을 실천하는 방법을 배우게 됩니다. 경쟁 활동이 끝나고 팀이 승리할 때는 기쁨을 나누고 패배할 때는 격려와 좌절, 분노의 정서를 함께 공유하기도 합니다.

학생들은 이러한 활동을 통해 단순한 집합체를 넘어 팀이라는 유기체로 새롭게 탄생하며, 자신의 역할을 발견해 팀에 기여하는 과정에서 사회적 일원으로 성장한다고 볼 수 있습니다(Midura, & Glover, 2005). 그렇기에 팀 활동은 학생들의 신체적·인지적·사회적 성장과 라이프스킬 함양에 영향을 미치며, 체육수업의 성패를 좌우하는 핵심 요소라 할 수 있습니다.

효과적인 모둠 편성의 필요성

팀 기반 경쟁 활동이 지닌 여러 장점에도 불구하고 실제 수업에서 구현하기 위해서는 여러 가지 어려움을 고려해야 합니다. 경쟁 활동에서 이기고 싶어 하는 마음, 친한 친구와 상대편이 되는 것에 대한 불편함, 지난 신체 활동에서 학습된 부정적 교우 관계로 인한 부담감 등은 팀을 조직하는 과정에서부터 교사를 곤란하게 합니다. 특히 팀마다 운동 기능 수준의 차이가 심할 경우, 경기 또한 일방적으로 진행되는 경우가 많습니다.

이러한 어려움을 어떻게 극복할 수 있을까요? 체육수업에서 모둠 조직의 대원칙은 '팀 내 이질 집단, 팀 간 동질 집단'이 되는 것입니다 (유정애 등, 2007). 즉 같은 팀원들의 운동 기능 수준은 다양하게 구성되지만, 조직된 여러 팀들 간의 수준은 비슷하게 조직합니다. 학생들은 자신들과 경쟁하는 팀들의 수준이 비슷하다고 인식하는 순간, 경기에서 더 큰 흥미와 함께 '협력을 통해 경기 상황을 개선할 수 있다'는 가능성을 느끼게 됩니다. 이는 체육수업에 적극적으로 참여하고자 하는 자세에 영향을 미칩니다.

학생들의 협력을 고양하기 위한 체육수업에서 가장 중요한 것이

'효과적인 모둠 편성 전략'을 활용하는 것입니다. 효과적인 모둠 편성이 이루어지기 위해서는 단순히 학생 인원을 나누는 것이 아닌, 학생 개개인의 운동 기능 수준도 함께 고려해야 합니다. 구성원들의 운동 기능 수준 격차를 최소화하면서 동질적인 팀을 편성하기 위한 아이디어를 소개합니다.

모둠 편성의 기본 구조와 활용

먼저 학급 내 모둠 편성은 기본적으로 '조'와 '패'로 구분하고, 학생들의 운동 기능 수준 및 성별의 배치를 동일하게 구성합니다. 활동 구조는 수업 내용에 따라 '조' 또는 '패' 별로 다양하게 구성할 수 있습니다. '조'와 '패'로 나누었을 때의 가장 큰 장점은 수업 활동에 따라 학급에서 2개, 4개, 6개의 모둠을 언제든지 만들어 낼 수 있다는 것입니다. 즉 4개의 모둠이 필요하면 조별 활동임을 안내하고, 2개의 모둠이 필요하면 1조와 3조 그리고 2조와 4조를 한 팀으로 묶어서 진행하면 됩니다. 6개 모둠이 필요한 경우에는 '패'를 기준으로 모둠을 나눌 수 있습니다. 학급 모둠 편성의 기본적인 구조와 활용 예시를 함께 살펴보겠습니다.

· 학급 인원이 24명인 경우

  : 6명 모둠의 '조', 4명 모둠의 '패'로 나누어 총 4조 6패의 기본

  모둠 편성 가능

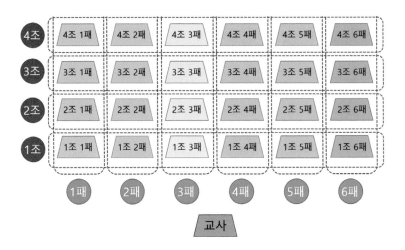

✔ 모둠 편성의 활용 예시

모둠 편성 (인원)	모둠 수	기준	구체적인 예
패별 (4명)	6개	· 학생들에게 보다 많은 연습 기회 제공 → 실제 학습 시간(ALT-PE) 향상 · 체육 용 · 기구가 여유 있을 때 · 좁은 공간에서 소그룹의 팀 활동이 가능할 때 · 체육수업에서 전략 전술 토의 및 토론학습을 할 때	· 배드민턴 서브 연습 (예시) 총 3면의 배드민턴 경기 장에서 1면의 경기장에 2개의 패가 서브를 넣어 네트를 넘기는 연습 · 배구 기본 기능 연습 (예시) 4명의 패원(패구성원)이 원 대형을 이루어, 원 바운드 리시브 연습

모둠 편성 (인원)	모둠 수	기준	구체적인 예
조별 (6명)	4개	• 체육관에서 두 면의 경기장 구성이 가능할 때 각 경기장에서 두 팀이 경기할 수 있을 때 • 여러 개의 체육 용·기구 설치가 제한되면서, 실제 학습 시간 (ALT-PE)을 향상시키고자 할 때 • 신체 활동 내용에 따라 5인 이상의 팀원이 필요할 때	• 기술형 스포츠의 체조수업 (예시) 체육관에 4개의 매트 또는 4개의 뜀틀 설치 • 전략형 스포츠의 변형 게임수업 (예시) 영역형 스포츠의 농구형 수업
통합 (12명)	2개	• 학급 전체 인원이 동시에 공격과 수비의 역할을 수행할 때 • 안전 사고 등의 이유로 교사가 직접 전체 학생들의 활동 모습을 관찰하고 지도해야 할 때	• 스포츠 활동의 미니 게임에서 경기를 수행할 때 (예시) 축구, 농구 경기 • 수업 중 과행동의 학생이 있어서 교사의 지속적인 관리가 필요할 때

체육수업에서 위와 같은 방식으로 모둠을 편성해 진행하면 다음과 같은 장점이 있습니다.

① 팀원 사이에 갈등이 발생할 때에도 수업 내용에 따라 팀 조직을 유동적으로
   편성 가능

② 신체 활동 내용에 따라 학생들에게 다양한 모둠 활동의 기회 제공

③ 학생 개개인에게도 팀 내 다양한 역할 기대 가능

④ 서로 비슷한 조건의 새로운 모둠 편성 가능

⑤ 새롭게 모둠을 편성하고 학생들에게 안내하는 과정에서 불필요하게 소비되
   는 수업 관리 시간 단축

그렇다면 어떠한 기준과 방법으로 모둠을 편성해야 더욱 효과적인 체육수업을 준비할 수 있을까요?

전통적인 체육수업에서는 팀을 편성할 때 일반적으로 '키 번호', '제비뽑기', '리더 학생의 친구 고르기' 등의 방법을 사용하곤 했습니다. 그러나 이러한 방식은 앞서 언급한 팀 기반 경쟁 활동의 어려움이 여전히 남아 있기 때문에 학생들의 움직임 역량과 사회적 관계를 고려하여 효과적인 모둠 편성 방법을 새롭게 고민해야 합니다. 이와 관련하여 체육수업에 적용할 수 있는 효과적인 모둠 편성을 위한 2가지 전략을 알아보겠습니다.

모둠 편성 전략 1
- 자기 인식 및 사회성 평가

첫 번째 전략은 설문을 통해 학생들의 자기 인식 및 사회성 평가를 실시하는 것입니다.

학생들이 체육수업에 대해 어떻게 생각하고 있을까요? 교사는 설문을 통해 체육수업에 대한 학생들의 인식과 함께 동료 학생들과의 사회적 관계는 어떠한지에 대한 구체적인 정보를 얻을 수 있습니다. 온라인 설문 기능을 활용하여 수업에 들어가기 전 미리 설문을 진행할수도 있고, 교사는 설문 정보를 종합하여 각 학급의 여러 상황을 고려하여 적절하게 모둠을 편성할 수 있습니다.

리커트(Likert) 5점 척도를 활용한 설문 예시 질문

항목	질문	전혀 아니다	아니다	보통	그렇다	매우 그렇다
자기 인식	나는 운동을 잘하는 학생이다.	1	2	3	4	5
	나는 체육수업에서 언제나 주인공이 되기 위하여 노력한다.	1	2	3	4	5
	나는 체육수업 활동 전반에 자신감이 있다.	1	2	3	4	5
	나는 체육수업을 좋아하고 적극적으로 참여한다.	1	2	3	4	5
	나는 체육수업이 학교생활의 활력소가 된다고 생각한다.	1	2	3	4	5

항목	질문	전혀 아니다	아니다	보통	그렇다	매우 그렇다
사회성	나는 체육수업에서 친구들을 응원한다.	1	2	3	4	5
	나는 체육수업에서 규칙을 지키고 상대 팀을 배려하기 위하여 노력한다.	1	2	3	4	5
	나는 우리 팀 친구가 실수를 하였을 때 격려하고 응원하는 편이다.	1	2	3	4	5
	나는 체육수업에서 경기에 승리하는 것보다 친구들과의 관계를 더 중요하게 생각한다.	1	2	3	4	5
	나는 체육수업이 끝나면 친구들과의 관계가 더 좋아지는 것을 느낀다.	1	2	3	4	5

설문 결과를 종합하면 학생들의 다양한 유형을 발견할 수 있습니다. 움직임 역량은 우수하지만 경쟁 활동에서 승리에만 집착하는 학생, 움직임 역량은 우수하지 않지만 체육수업에 열심히 참여하는 학생, 운동을 싫어하고 소극적인 학생, 그리고 체육수업에서 특정 학생과의 팀 활동에서 불편함을 느끼는 학생까지⋯. 눈으로는 쉽게 파악할 수 없는 다양한 정보를 얻을 수 있지요. 모둠을 편성할 때 이를 고려한다면 교사는 체육수업을 통해 학생들의 운동 수행 기능만이 아니라 내면적인 성장도 함께 돌볼 수 있을 것입니다.

모둠 편성 전략 2
– 움직임 역량 진단

두 번째 전략은 학생들의 움직임 역량을 진단하는 것입니다.

모둠 편성 전략은 각 조와 패 구성원의 운동 기능 수준 격차를 줄일수록 그 효과를 발휘하는데요. 모둠 편성에 앞서 학생들의 성장 수준에 맞춰 움직임 역량을 진단하면 운동 기능 수준을 체계적으로 파악하는 데 도움이 됩니다.

초등학교 저학년에서 고학년으로 성장하면서 학생들의 신체가 발달하고 운동 기능이 향상되기 때문에 초등 체육의 활동 요소와 주요 교육적 성과 목표 역시 대상 학생에 맞춰 기본 움직임 기술*이 다르게 제시됩니다. 예를 들어 고학년에 제시된 '걷기 및 달리기'와 '뜀뛰기'는 수평, 수직 공간에서 신체를 움직이는 이동 기술이며, '주고받기'는 공던지기, 공 굴리기, 공차기, 공 받기 등 도구와 운동 용구를 활용하여 움직이는 기술이라 할 수 있습니다.

---

* 기본 움직임 기술(FMS: Fundamental Movement Skills):
 스포츠 종목에서의 상위 기술을 습득하기 위한 기초적인 기술로, 특별한 움직임 패턴을 가진 일반적인 운동 행동
 (Gabbard, 2008; Payne, & Isaacs, 2008).

✔ 초등학교 신체 활동 강화를 위한 활동 요소 (서지영, 김기철, 조기희, 2021 ; 이윤석, 박상봉, 2019)

저학년	고학년
• 몸 알기 • 몸 기르기 • 몸 다루기 • 몸으로 표현하기 • 몸으로 즐겁게 놀기 등	• 걷기 및 달리기 • 뜀뛰기 • 주고받기 • 표현하기 • 헤엄치기

　초등 체육에서 학습하는 다양한 신체 활동은 이러한 기본 움직임 기술을 전제하고 있으며, 교사는 학기당 1회 연간 총 2회 기본 움직임 기술 진단을 통해 학생들의 모둠 편성 자료로 활용할 수 있습니다. 학년 초에 이루어지는 학생건강체력평가제(PAPS: Physical Activity Promotion System)의 자료를 활용해도 좋습니다.

　교사들은 학생들이 전년도에 학습한 신체 활동을 고려하여 기본 움직임 기술의 수행을 3단계(잘함 − 보통 − 노력요함) 수준으로 진단합니다. 그 결과를 바탕으로 학생들의 운동 기능 수준을 우선적으로 고려하여 모둠을 편성할 수 있는 것이죠. 평가 기준은 활동에 따라 다릅니다. 4학년 학생들을 대상으로 한 평가 활동 예시 3가지를 소개합니다.

[활동1] 지그재그로 달려 점보스택 쌓기

- 관련 움직임 기술: 걷기 및 방향 전환 달리기
- 평가 기준: 방향 전환 시 상체와 하체의 협응성 및 민첩성

✔ 활동 방법

① 팀을 나누어 한 명씩 출발합니다.

② 주자는 라바콘을 빠르게 돌아 점보스택이 있는 반대편에 도착합니다.

③ 처음에는 점보스택에 3층으로 쌓고 두 팔을 머리 위로 올려 박수를 한 번 칩니다.

④ 이어서 점보스택 6개를 한 줄로 쌓고, 다시 출발 지점으로 돌아갑니다.

⑤ 주자는 출발 지점에 도착하면 다음 주자와 교대합니다.

⑥ 마지막 주자가 출발 지점으로 먼저 돌아오는 팀이 승리합니다.

[활동2] 양발 모아 뛰기와 미니 허들 뛰어넘기

· 관련 움직임 기술: 뜀뛰기, 균형 잡기
· 평가 기준: 뜀뛰기 속도와 균형성

✔ 활동 방법

① 팀을 나누어 한 명씩 출발합니다.

② 주자는 원마커에서 양발 모아 십자 뛰기를 3회 한 후 앞으로 이동합니다. 이때 정해진 순서 없이 양발을 모아 5개의 원마커를 모두 밟고 점프하였을 때를 1회로 간주합니다.

③ 양발 모아 뛰기를 마친 후, 한 발씩 다리를 벌려 연속적으로 설치된 미니 허들을 넘습니다.

④ 미니 허들을 모두 다 넘으면 라바콘(반환점)을 돌아 출발 지점으로 뛰어서 이동합니다.

⑤ 주자는 출발 지점에 도착하면 다음 주자와 교대합니다.

⑥ 마지막 주자가 출발 지점으로 먼저 돌아오는 팀이 승리합니다.

[활동3] 티볼공(콩 주머니) 주고받아 과녁 맞히기

· 관련 움직임 기술: 주고받기 중 던지기, 받기
· 평가 기준: 던지기 강약조절 및 정확성

출발 / 던지기 지점 3 / 던지기 지점 2 / 맞춤 점수×3 / 맞춤 점수×2 / 맞춤 점수

✔ 활동 방법

① 팀을 나누어 한 명씩 출발합니다.

② 다음 주자와 티볼 공(또는 콩 주머니)을 3번 주고받은 후, 던지기 지점 방향으로 달려갑니다.

③ 원하는 던지기 지점을 선택한 다음, 경계선에 서서 점수판을 향해 공을 던집니다.

④ 투구한 티볼공은 주자가 주워서 출발 지점으로 달려옵니다.

⑤ 다음 주자가 이어서 동작을 반복합니다. (마지막 주자일 경우, ②번 과정은 첫 주자와 함께 수행합니다.)

⑥ 모든 주자들의 득점을 합한 점수가 높은 팀이 승리합니다.

✔ 점수 규칙

· 점수판의 중심에 가깝게 티볼공(콩 주머니)을 맞힐수록 높은 점수를 득점합니다.

· 점수판 배점: 검정(5점), 빨강(4점), 노랑(3점), 초록(2점), 하양(1점)

· 던지기 지점이 점수판에서 멀수록 높은 점수를 득점합니다.

· 던지기 지점 3에서 투구 시 맞힌 점수를 곱하기 3하고, 던지기 지점 2에서 투구 시에는 맞힌 점수에 2를 곱하여 점수를 부여합니다. 던지기 지점1에서는 맞힌 점수를 그대로 부여합니다.

(예시) 던지기 지점 2에서 3점을 맞히었을 경우: 2×3 = 총 6점 득점

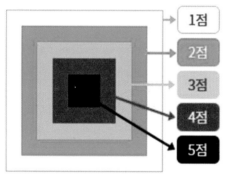

▲ 점수판

(그림: 비상교육 비바샘)

★ 혁준 쌤의 지도 팁!

기본 움직임 기술의 수행평가 시 활용 가능한 팁을 소개합니다.

✔ 학생들이 현재 운동 기능 수준을 평가받는다는 부담을 느끼지 않도록 일상적인 수업 활동에 참여하는 것처럼 비평가적인 분위기를 조성합니다.

✔ 교사는 학생들의 움직임과 운동 수행 모습을 관찰하면서 경기의 승패보다 학생 개개인의 움직임 기술을 종합적으로 봅니다.

✔ 평가 결과는 학생들에게 공개하지 않고 교사의 참고 자료로만 활용합니다.

안전하고
건강하게 즐기는
개인 줄넘기 운동

줄넘기는 초등학생들이 체력 증진을 위해 가장 많이 하는 운동 중 하나입니다. 학교뿐만 아니라 집 앞에서도 줄넘기하는 어린이들을 어렵지 않게 볼 수 있죠. 하지만 단순히 줄만 뛰어넘는 반복 동작에 싫증을 느끼는 아이들도 많이 있습니다. 게다가 줄넘기를 올바로 활용하지 못하는 경우에는 부상의 위험도 있습니다. 이번 장에서는 개인의 목표에 따라 꾸준하면서도 안전하게 줄넘기 운동을 하면서 라이프스킬을 함양할 수 있는 지도 방법을 알아보겠습니다.

줄넘기 운동의 역사

 줄넘기는 오래전부터 아이들의 놀이로 이어져 왔습니다. 조선 후기 최영연의 『해동죽지』에 의하면, 물건을 묶거나 잡아맬 때 볏짚으로 꼰 새끼줄을 잡고 뛴다고 하여 줄넘기를 '도색희(跳索戲)'로 불렀다고 합니다(원혜영, 2021).

조선시대 의병장 조중봉은 줄넘기를 통한 건강관리 효과를 강조하며 '어린이들에게 줄넘기로 다리 힘을 기르고 각기병을 없어지게 한다'고도 하였습니다(홍양자, 1998). 아이들의 놀이로 꾸준하게 여겨졌던 줄넘기는 점차 체력 증진과 건강 강화를 위한 효과적인 운동으로 주목받기 시작했습니다.

● 줄넘기 운동의 장점

① 신체 · 정신 건강의 발달: 심폐기능 향상(김주현, 2004; Spencer, 1968), 순발력 · 지구력 · 유연성 향상(Baker, 1968), 신체 구성의 피지후 감소(이덕영, 김용욱, 2004), 체격 및 근육량 증가(김태영, 이광무, 2005), 신체 활동의 즐거움과 자신감 상승, 스트레스 해소(강주희, 윤용진, 2015; Paluska, & Schwenk, 2000) 등

② 준비 환경의 용이성: 줄넘기 외에 특별한 체육 용 · 기구가 필요하지 않고, 시설의 제약이 없는 편임

③ 대상의 운동 기능 수준에 따른 운동량 조절 가능: 대상에 따라 뛰는 방법, 회
   전수, 속도 등 조절 가능

신체적, 정신적 발달을 돕는 동시에 공간적 제약 없이 손쉽게 접근할 수 있는 줄넘기 운동은 유아기 아동에서부터 성인에 이르기까지 시대와 국가 그리고 세대를 넘어 오랫동안 널리 보급되어 왔습니다. 특히 독일에서는 육상 선수들의 체력 강화를 위한 트레이닝용으로 발전하기도 하였습니다.

하지만 학교에서의 줄넘기 운동 지도는 체육수업 전의 준비 운동으로 활용하거나, 수업에서 각자 준비한 줄을 반복적으로 뛰어넘는 활동 수준에 머무르는 경우가 있습니다. 그렇기에 학생들은 단순한 줄넘기 운동에 지루함을 느껴 소극적으로 참여하기도 하고, 교사들은 줄넘기 운동만으로 한 차시 수업을 온전하게 운영하지 못하는 어려움을 경험합니다.

그렇다면 학생들이 줄넘기 운동을 즐겁게 시작할 수 있도록 하기 위하여 어떻게 지도해야 할까요? 다양하고 흥미로운 줄넘기 운동 방법을 기초부터 함께 살펴봅시다.

줄넘기 운동
준비하기

✔ 줄의 길이

　줄넘기 운동의 기능 수준과 하고자 하는 줄넘기 종목에 따라 줄의 길이를 조절하여 사용합니다. 일반적으로 줄넘기의 줄 길이는 줄의 가운데 부분에 발을 딛고 서서 양쪽 손잡이를 쥐고 늘어짐 없이 당겼을 때 자신의 겨드랑이 위치까지 올라오도록 합니다.

　하지만 줄넘기 운동의 숙달 정도에 따라 줄의 길이는 더 짧아질 수 있으며, 줄넘기를 잘하는 학생들은 허리나 배꼽 정도까지 길이를 짧게 줄일 수도 있습니다. 또한 다음의 표와 같이 줄넘기 종목에 따라서도 줄의 길이를 조절하여 사용합니다.

줄의 길이	줄넘기 종목
발끝 ~ 겨드랑이 부분	리듬에 맞춰 뛰는 음악 줄넘기, 복수줄넘기(2인, 3인)
발끝 ~ 허리와 겨드랑이 사이까지	엇걸어 뛰기, 되돌려 뛰기
발끝 ~ 배꼽	2~3중 뛰기, 스텝에 맞춰 빠르게 뛰기

✔ 줄 돌리는 방법

　줄을 돌리기 전 손잡이를 잡는 방법을 먼저 지도합니다. 엄지를 제외한 네 손가락을 모아서 손잡이를 둥글게 말아 쥐고, 엄지손가락을 줄이 연결된 방향으로 세워줍니다. 엄지손가락을 검지손가락에 붙여주게 되면 줄을 돌릴 때 손목 회전에 방해가 되기 때문입니다.

▲올바른 손잡이 파지법

▲잘못된 손잡이 파지법

　줄을 돌릴 때 상체는 숙이지 않고 힘을 뺀 채 가슴을 펴고 정면을 바라봅니다.

　겨드랑이에 테니스공을 하나 끼우고 있다 생각하고, 팔을 몸에 가볍게 붙이면서 손목의 스냅을 이용하여 줄을 돌립니다.

이때 손목이 아닌 팔 전체를 돌릴 경우 줄을 양옆으로 당기게 되어 바닥에 닿는 줄의 끝부분이 지면에서 멀어지고 줄을 넘기 위해 더 높이 뛰어올라야 하는 어려움이 발생합니다. 체력 소모 또한 커지기 때문에 여러 번의 줄을 넘기에 더 힘들어지겠죠.

학생들의 줄넘기 운동을 지도할 때에는 팔 전체가 아닌 손목 회전을 이용하여 줄 돌리기를 할 수 있도록 주의 깊게 관찰합니다.

테니스 공으로 교정

▲ 올바른 자세   ▲ 잘못된 자세

✔ 올바르게 뛰는 방법

줄넘기 운동을 수월하게 하는 학생들을 보면 마치 스프링처럼 가볍게 뛰어오르는 모습을 볼 수 있습니다. 줄넘기를 처음 배우는 학생들의 경우 발바닥 전체를 땅에 디디면서 뛰어오르는 반면, 줄 넘기가 익숙한 학생들은 뒷발을 들어 앞발로 지면을 디뎌 뛰어오르는 모습을 볼 수 있습니다.

발바닥 전체가 땅에 닿으면 안정감은 있겠지만, 오랜 시간 반복적으로 운동을 하였을 때 발목과 무릎에 지속적으로 충격을 주어 부상의 위험이 있습니다. 이를 고려하여 줄넘기 운동에서는 '완충법'을 활용합니다.

무릎의 탄력을 이용하여 완충법으로 점프할 때는 바닥에 닿을 때 '쿵' 하는 소리가 울리지 않고, 적은 힘으로 가볍게 뛰어오를 수 있습니다.

완충법을 활용한
발디딤

발바닥 전체가
바닥에 닿음

▲ 올바른 자세   ▲ 잘못된 자세

---

* 완충법: 양발을 모아 도약할 때 발뒤꿈치를 들고 무릎을 살짝 굽혀 땅을 디딘 후, 바닥을 밀고 뛰어오르면서 무릎을 펴는 동작.

혼자서 하는 줄넘기 운동

 '양발 모아 뛰기'와 '다리 번갈아 뛰기'는 교사의 특별한 설명 없이도 학생들이 혼자서 쉽게 수행할 수 있는 기본 줄넘기 운동입니다.

이를 응용하여 기본 동작에 방향 전환, 다회전 도약, 스텝의 변화를 주어 심화한다면 학생들이 도전 의식을 갖고 보다 더 적극적으로 운동에 참여하는 모습을 볼 수 있습니다.

○ 제자리에서 구보 뛰기

제자리에서 구보 뛰기는 가볍게 달리기를 하는 것처럼 제자리 달리기를 하면서 줄을 넘는 활동입니다. 구보를 뛰며 줄넘기하는 동작이 익숙해지면 이를 응용하여 한쪽 다리를 앞이나 옆으로 길게 뻗거나 접으며 줄넘기를 진행할 수 있습니다. 이때 다리에 힘을 주면 동작이 부자연스러우므로, 양발에 힘을 빼고 양쪽 다리를 번갈아 벌려가며 가볍게 통통 튀어 오르는 느낌으로 진행합니다.

▲ 제자리 뛰기

▲ 앞으로 다리
뻗어 뛰기

▲ 옆으로 다리
벌려 뛰기

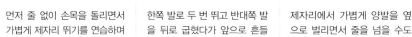

먼저 줄 없이 손목을 돌리면서 가볍게 제자리 뛰기를 연습하며 리듬을 익힙니다.

자세가 익숙해지면 줄을 이용해 제자리에서 구보하며 줄을 넘도록 합니다.

한쪽 발로 두 번 뛰고 반대쪽 발을 뒤로 굽혔다가 앞으로 흔들면서 발가락 끝을 앞으로 뻗어 넘습니다. 양발의 역할을 번갈아 바꾸며 줄넘기를 할 수 있습니다.

제자리에서 가볍게 양발을 옆으로 벌리면서 줄을 넘을 수도 있습니다. 한쪽 발을 바닥에 디뎌 줄을 넘을 때에는 반대쪽 다리를 옆으로 벌려서 뛰도록 합니다.

○ X자 줄넘기 및 다회전 도약

▲ X자 엇걸어 뛰기

▲ 다회전 도약(1도약 2회전)

양발을 모아 뛰는 일반적인 줄넘기 스텝에서 양발을 엇걸어 줄넘기 줄을 X자로 모았다 다시 펴는 동작입니다. 줄넘기 운동을 즐겨하는 학생들도 줄넘기를 모았다 펴는 동작과 줄을 넘는 발의 스텝, 리듬이 익숙하지 않아 꾸준한 연습이 필요합니다.

1도약에 줄넘기 2회전을 하는 동작입니다. 이와 반대로 줄을 한 번 돌릴 때 두 번 뛰는 1회전 2도약의 양발 모아 뛰기도 할 수 있습니다. 줄넘기 운동을 즐겨하는 학생들에게 1도약 2회전은 익숙하지만, 1회전 2도약은 난도가 높아 많은 연습이 필요합니다.

○ 펌프 게임을 활용한 동서남북 스텝하기

펌프 게임을 활용한 동서남북 스텝은 바닥에 원마커 5장(동서남북+중심)을 깔아놓고 동서남북 번갈아 2박자씩 뛰기를 하며 줄을 넘는 활동입니다.

✓ 활동 방법

① 먼저 다리 벌려 가위바위보를 하면서 원마커를 밟으며 줄을 넘는 기본 활동을 연습합니다.

② 가위바위보에서 이긴 사람은 먼저 왼쪽 한 발로 서쪽 원마커를 밟아 두 번 넘고, 오른쪽 한 발로 동쪽 원마커를 밟으며 두 번 넘도록 합니다.

③ 이어서 다시 왼쪽 한 발로 북쪽 원마커를 밟으며 두 번 넘고, 오른쪽 한 발로 남쪽 원마커를 밟으며 두 번 넘습니다.

④ 동서남북 스텝 넘기가 익숙해지면 음악에 맞춰 자유롭게 동서남북 원마커를 밟으며 줄을 넘도록 합니다.

 ▲ 가위바위보 뛰기

 ▲ 동서남북 뛰기

★ **혁준 쌤의 지도 팁!**

- ✔ 혼자서 하는 줄넘기 운동은 뒤로 돌리기, 엇걸었다 풀어 뛰기, 줄을 넘으며 라바콘 돌아오기 등 다양한 방법으로 응용할 수 있습니다.

- ✔ 많은 학생들이 줄넘기 운동에 익숙하기 때문에 학생들의 운동 기능 수준에 따라 교사가 다양한 활동으로 변형하여 지도할 수 있습니다.

- ✔ 학생들이 자신의 수준을 넘어서는 동작을 시도하는 경우가 많기 때문에 활동에 무리하게 도전하지 않도록 유의해야 합니다.

✔ 라이프스킬 수업 전략

학생들에게 줄넘기 운동의 동기 부여가 될 수 있는 라이프스킬 전략을 소개합니다.

줄넘기 급수 실천 카드 기록하기

 줄넘기 운동을 꾸준하게 실천하면서 기록을 향상하기 위하여 개인별 줄넘기 급수 실천 카드를 만들어서 줄넘기 급수 성장표를 기록합니다. 매달 줄넘기 기록이 가장 많이 향상된 사람을 선발하여 줄넘기 '인내와 끈기' 자격증을 수여할 수 있습니다.

관련 라이프 스킬	자신감/ 배려
라이프스킬 명명하기	꾸준히 운동하여 원하는 것 얻기/ 내가 모은 바우처로 건강한 신체와 따뜻한 마음 기르기

'행복나눔' 줄넘기 바우처 카드 자료 탑재

8

협력과
소통을 통한
모둠 줄넘기 운동

　　혼자 하는 줄넘기 운동과 친구와 함께 하는 줄넘기 운동은 어떤 점이 다를까요? 적게는 2명에서 많게는 학급 전체 인원이 하나의 줄로 함께 하는 줄넘기 운동은 협력하고 배려하는 과정 속에서 아이들의 사회성을 함양하는 데 도움을 줍니다. 또한 혼자서 뛰는 줄넘기 운동을 할 때보다 더 큰 목표 의식과 즐거움을 체험할 기회가 되기도 합니다.

　　학생들의 체력과 사회적 역량을 동시에 증진할 수 있는 줄넘기 운동 지도 방법에 대하여 함께 살펴보겠습니다.

줄넘기 운동과
사회 정서 학습

학교 교육을 통한 '사회 정서 학습'이 주목받고 있습니다. '사회 정서 학습'이란 학생 개인과 팀의 공동 목표를 달성하기 위하여 타인과 소통하는 과정에서 책임과 공감, 배려의 사회적 역량을 함양하는 교육을 의미합니다(CASEL, 2021).

체육교과는 신체 활동 중심의 교육을 통해 학생들에게 의사소통과 더불어 협력, 책임, 배려, 신뢰 등 다양한 교육적 경험을 제공할 수 있다는 점에서 사회 정서적 역량함양에 최적화된 교과라고 할 수 있습니다. 그러나 체육수업에서 학생들의 사회 정서적 역량은 자연적으로 길러지는 것이 아닌, 수업 활동에서 이를 위한 교육적 단서를 충분히 제시하려는 교사의 노력이 뒷받침되어야 가능합니다(한상모, 2022).

만약 체육수업이 학생 개인의 신체 발달과 운동 기능 수준을 고려하지 못한 채 경쟁에만 몰입된다면 어떻게 될까요? 수업에서 학생들의 승리 욕구가 강한 만큼 갈등과 폭력 등 부정적인 정서에 노출되는 위험 역시 커지게 됩니다. 이러한 부정적인 흐름을 예방하고 체육교과의 특성을 효과적으로 활용하기 위해서는 신체 활동을 설계하는 과정에서 수업이 추구해야 할 방향성을 담은 원칙과 도전 과제를 적절하게 마련해야 합니다.

● **체육수업에서 제시하는 활동 과제의 대원칙**

> ① 공동의 노력을 통해 성취 가능한 도전 과제
> ② 동료 교수 활동을 통해 함께 성장 가능한 도전 과제
> ③ 사회 정서적 역량을 실천하고 적용할 수 있는 도전 과제

이러한 원칙과 도전 과제를 수행하는 과정에서 교사와 동료 학생들의 소통은 매우 중요합니다. 운동 능력이 향상되거나 정체되는 모든 상황에서 소통은 강조되어야 합니다. 신체 활동을 통한 운동 능력의 향상은 즉각적으로 보이며, 상호 간의 소통은 성취에 대한 보상과 새로운 목표를 설정하는 데에도 영향을 미치기 때문이지요.

특히 줄넘기 운동은 친구와 함께 호흡하며 연습한 결과가 실제 운동의 성과를 측정하는 과정에서도 고스란히 드러나는 폐쇄 기능 운동*입니다. 친구와 함께 하는 줄넘기 운동에서 공동의 목표를 설정하고 연습하면서 서로를 응원하고 배려할 수 있다면, 운동 기능 향상을 통한 체력 증진과 동시에 학급 전반의 협력적인 소통 문화도 함께 정착시킬 수 있습니다.

---

* 폐쇄 기능 운동과 개방 기능 운동(박정준 등, 2021).

폐쇄 기능 운동	개방 기능 운동
동작의 반복적 수행이 중심이 됩니다. 운동 기능 자체의 완성도를 높이는 데 초점을 두어 정교하고 세밀하게 기술을 발휘할 수 있도록 연습하면 실제 경기 장면에서도 변수가 없이 성과가 분명하게 드러납니다.	기본 기능의 연습 결과는 다양한 환경과 조건의 변화가 수반됩니다. 기본 기능의 능숙한 구사 외에도 경기 상황에 맞게 신체 기능을 적절하게 활용하거나 적응시킬 수 있도록 하는 연습이 이루어져야 합니다.
줄넘기, 앞 구르기, 원반 던지기 등	하키, 농구 등

[활동 1] 2인 줄넘기 운동

친구와 함께 하는 줄넘기 운동은 협동심을 함양하기에 좋은 활동입니다. 혼자서 줄을 넘기보다 친구도 잘 넘을 수 있도록 하기 위해 팔을 크게 돌려 움직이고 서로의 간격이 멀어지지 않도록 간격을 좁히기 위해 끊임없이 의사소통을 해야 하기 때문이지요. 두 사람 사이의 간격이 멀어지면 줄이 짧아지고 더 높이 뛰어올라야 하기 때문에 쉽지 않지만, 서로의 호흡을 맞춰가는 과정 속에서 점차 나아지는 변화를 실감할 수 있는 활동이기도 합니다.

먼저 두 사람이 하나의 줄로 할 수 있는 줄넘기 활동부터 살펴보겠습니다.

▲ 2인 마주 보며 뛰기

서로 마주 보고 1m 정도 간격을 벌린 채 줄을 뛰어넘는 활동입니다. 서로의 무릎이 부딪히지 않을 정도로 간격을 벌리고 마주 본 후, 줄을 쥐고 있는 사람이 앞으로 줄을 돌려 함께 뛰어넘습니다. 이때 서로의 호흡을 쉽게 맞추기 위하여 줄을 잡지 않은 사람이 마주 보는 친구의 양쪽 어깨에 손을 올려서 스텝과 리듬을 맞추는 활동도 가능합니다.

▲ 2인 나란히 뛰기

두 사람이 같은 방향을 바라보면서 나란히 함께 뛰는 활동입니다. 줄의 양쪽 손잡이를 하나씩 잡고 같은 속도로 줄을 돌리며 타이밍을 맞추는 연습을 해야 합니다. 두 사람 사이의 간격이 벌어지지 않도록 한쪽 손을 잡고 뛴다면 줄에 걸리지 않고 넘을 수 있습니다.

[활동 2] 줄 엇걸어 뛰기

줄 엇걸어 뛰기는 두 사람 혹은 두 사람 이상의 인원이 줄넘기 2개의 양쪽 손잡이를 나누어 잡고 뛰는 활동입니다. 두 사람이 진행하는 줄 엇걸어 뛰기를 먼저 살펴본 후, 이를 응용한 활동들도 함께 살펴보겠습니다.

✔ 활동 방법

① A 학생이 줄넘기 손잡이의 한쪽을 오른손에 잡고, 왼쪽 손잡이는 상대방이 오른손으로 잡습니다.

② 다른 줄넘기 하나는 B 학생이 왼손에 손잡이 하나를 잡고 A 학생이 왼손에 남은 손잡이 하나를 잡습니다.

③ 두 학생이 호흡을 맞춰 줄을 엇걸어 뜁니다.

✔ 응용 동작

 ▲ 줄 엇걸어 3명 뛰기

 ▲ 2인 시차를 두어 줄 엇걸어 뛰기

3명이 손잡이를 서로 바꿔 잡고 줄 엇걸어 뛰기를 하는 활동입니다. 학생이 서로 다른 방향을 바라보면서 뛰는 방법으로 응용할 수 있습니다.

두 개의 줄을 돌릴 때 반 박자 시간 차이를 두면서 서로 번갈아 뛰는 응용 활동입니다. 서로의 리듬을 능숙하게 맞출 수 있도록 기본 엇걸어 뛰기를 익힌 후 진행합니다.

✔ 함께 줄을 뛰는 학생들의 호흡이 서로 맞지 않으면 줄 엇걸어 뛰기가 더욱 어려워지기 때문에 서로의 리듬에 맞춰 함께 의사소통하며 뛰는 것이 중요합니다.

✔ 두 사람이 오른손은 오른손끼리, 왼손은 왼손끼리 호흡을 맞춰 번갈아 돌리는 데 이때 양손이 따로따로 움직이기 때문에 많은 연습과 집중력이 필요합니다.

[활동 3] 단체 줄넘기 활동

'꼬마야, 꼬마야. 땅을 짚어라! 꼬마야, 꼬마야. 만세를 불러라! 꼬마야, 꼬마야. 나가 놀아라!'라는 노래를 들어 보셨나요? 여러 명이 동시에 하는 줄넘기 운동은 오래전부터 전래 놀이 형태를 비롯해 다양한 종류의 놀이로 발전해 왔습니다. 2인 줄 엇걸어 뛰기를 3명이 할 수 있는 활동으로 활용할 수 있는 것처럼 줄넘기는 3, 4인 또는 그 이상의 학생들로 인원을 늘려가며 함께 할 수 있습니다. 이제 다수의 인원이 동시에 참여하는 단체 줄넘기 운동을 살펴보겠습니다.

○ 3인 이상 뛰기

▲ 3인 가운데 한 사람만 뛰기

▲ 3인 나란히 뛰기

양옆 두 사람은 줄을 돌리고 가운데 한 사람은 리듬에 맞춰 줄을 넘습니다. 양옆에서 줄을 돌리는 속도에 따라 난도를 조절할 수 있고, 줄을 넘는 학생은 점프 동작에서 몸의 방향을 회전하거나 2중 뛰기 또는 달리기를 할 수도 있습니다.

하나의 줄 길이를 충분히 늘린 후 3명이 나란히 팔짱을 낍니다. 이때 바라보는 방향은 같은 방향을 볼 수도 있고, 앞뒤 서로 다른 방향을 보도록 몸의 방향을 돌려서 뛸 수도 있습니다. 서로 약속된 신호로 호흡에 맞춰 동시에 줄을 넘도록 합니다.

○ 긴 줄 가위바위보 뛰기

두 명의 학생이 긴 줄을 돌리고, 여러 명의 학생이 2개의 팀으로 나누어서 한 명씩 차례대로 들어와 3번씩 뛰면서 가위바위보를 하는 게임 활동입니다. 두 모둠이 시합을 하면서 먼저 줄넘기가 끝나는 모둠이 승리합니다.

① 양 팀에서 동시에 한 명씩 뛰어 들어옵니다.

② 3번씩 뛴 후에는 가위바위보를 합니다.

③ 이긴 사람은 줄 밖으로 뛰어나가고 진 사람은 계속 뜁니다.

④ 이긴 팀의 다음 주자가 들어와서 뛰고, 모든 팀원이 먼저 마무리 되는 팀이 이깁니다.

※ 주의 사항

이긴 팀의 사람이 줄 밖으로 뛰어나가거나 다음 사람이 들어오다 걸리는 경우, 그 사람은 다시 줄을 서서 한 번 더 뛰어야 합니다.

○ 8자 마라톤 줄넘기

    8자 마라톤 줄넘기는 반 전체 학생들이 동시에 참여할 수 있는 활동입니다. 학생들은 순서대로 들어와 8자 모양의 경로를 그리고, 대각선 방향으로 줄을 넘고 나가며 진행합니다.

✔ 활동 방법

① 2명의 학생이 긴 줄을 돌리고 나머지 학생들은 한 줄로 서서 대기합니다.

② 첫 번째 학생이 뛰어 들어가 줄을 넘으면 다음 학생이 바로 들어가 줄을 넘습니다.

③ 줄을 넘은 학생은 8자 모양의 경로를 그리고 줄을 돌리는 학생을 돌아, 처음 뛰어 들어간 지점의 (좌우) 반대쪽에서 대기합니다.

④ 마지막 학생이 줄을 넘고 나면 반대쪽에서 대기 중이던 첫 번째 학생이 다시 들어가 줄을 넘고, 8자 모양의 경로를 그리며 최초 지점으로 돌아가 대기합니다.

✔️ 8자 마라톤 줄넘기에서 학생들이 가장 어려워하는 것은 줄에 대한 두려움과 더불어 점프하는 위치를 잡지 못하고 줄에 걸리는 것입니다. 긴 줄이 바닥에 닿는 중간 부분에 원마커를 하나 두고, 지정된 지점까지 빠르게 뛰어들어와 웅덩이에 빠지지 않도록 넘듯이 두 발을 들어 점프하도록 지도하면 도움을 줄 수 있습니다.

✔️ 8자 마라톤 줄넘기를 충분히 연습한 후, 시간과 횟수 등 구체적인 목표를 설정하여 제시하면 학급 전체 학생들에게 동기 부여를 할 수 있습니다. (예시: 2분에 100회 뛰어넘기)

✔️ 여러 명이 함께 하는 줄넘기 수업에서는 학생들의 공간 배치가 중요합니다. 좁은 공간에서 학생들 사이의 간격을 충분히 확보하여 다른 팀의 줄에 부딪히거나 걸리지 않도록 안전에 유의합니다.

✔️ 경쟁적인 분위기가 연출되면 학생들이 자신의 신체적 수준을 고려하지 않은 채 무리하게 운동하는 경우를 볼 수 있습니다. 운동 기능 수준이 낮은 학생이 '최선'과 '협력'을 목표로 자신의 신체적 수준을 고려하면서 적절한 강도로 운동할 수 있도록 지도합니다.

✔️ 줄넘기 운동에서는 빠르게 많은 개수를 넘는 것보다 천천히 오랫동안 줄을 넘는 것이 더 올바른 운동 방법이라는 것을 안내합니다. 이는 신체적 부딪힘과 넘어짐을 사전에 예방하는 데 도움이 됩니다.

✔ 라이프스킬 수업 전략

학생들에게 줄넘기 운동의 동기 부여가 될 수 있는 라이프스킬 전략을 소개합니다.

① 약속 신호 정하기

두 사람 이상이 함께 참여하는 복수 줄넘기 활동에서는 서로의 호흡을 맞추기 위한 의사소통 전략이 중요합니다. 학생들이 서로의 줄넘기 속도와 리듬을 효과적으로 맞출 수 있도록 약속 신호를 만들어 적극적으로 호흡하기 위한 노력을 강조합니다. 언어적 소통뿐만 아니라 눈빛, 손 신호, 박수 등 다양한 비언어적 약속 신호를 통해 리듬과 박자를 맞춰 줄넘기를 넘을 수 있도록 지도합니다.

관련 라이프 스킬	의사소통
라이프스킬 명명하기	리듬에 맞춰 약속 신호 주고받기

② 라이프스킬 퍼즐 맞추기

모둠원들이 줄넘기 운동을 하면서 함께 협동하기 위해서는 여러 조각의 라이프스킬 목표를 설정하고 실천하는 것이 중요합니다. 이를 퍼즐로 만들어 연습하면서 우리 모둠에 필요한 라이프스킬 바구니를 발견하고, 구체적인 실천 방법을 약속하여 기록하고 실천하도록 지도합니다.

관련 라이프 스킬	협동
라이프스킬 명명하기	함께 성장하기 위한 퍼즐 맞추기

라이프스킬 퍼즐 맞추기 자료

9

블렌디드
수업을 통한
심폐지구력 기르기

블렌디드 수업을 통해 교사는 체육수업에서 가르칠 내용과 연계하여 학생들이 가정에서 온라인 사전 학습을 통해 개별적이고 자기주도적인 운동 수행을 연습하도록 합니다. 학생에게 길러줘야 하는 체력 요소를 파악하고, 신체 활동 역량을 기르기 위한 활동들을 통해 라이프스킬을 함께 키울 수 있습니다. 본 장에서는 온라인과 대면 수업을 혼용하여 학생들의 체력과 인내력을 함께 기를 수 있는 수업 방법을 소개합니다.

어떤 수업이 필요할까?

코로나19로 인해 학생들은 신체활동량과 사회적 관계 형성이 부족했습니다. 학생들의 신체적, 정서적 성장을 지원하기 위해 필요한 미래핵심역량은 무엇일까에 대한 요구도를 파악했습니다. 설문 조사는 학생과 학부모에게 "학교 수업을 통해 학생들에게 어떠한 역량을 개발해 주었으면 좋겠습니까?"라는 물음에서 시작하였습니다. 초 · 중등학생용 미래핵심역량 진단 검사지를 활용하여 창의역량, 자기주도역량, 사회역량으로 구분해 하위 요소를 도출하였습니다(임현정, 이만희, 진성원, 황성우, 2010).

양적 설문 결과, 학생들은 자기주도역량의 '자기확신', 사회역량의 '의사소통능력, 협동심', 자기주도역량의 '자기관리 능력과 성취동기' 순으로 개발 필요성을 인지하였으며, 학부모는 자기주도역량의 '자기확신', 사회역량의 '협동심, 의사소통능력, 사회적 책무성'의 순으로 개발 요구 점수가 높게 나왔습니다.

✔ 학생과 학부모가 인식하는 미래 역량 요구도 조사 결과 　　　* 5점 만점

구분	하위 요소	학부모 점수(평균) (n = 99)	학생 점수(평균) (n = 106)
창의역량	창의적 사고	3.76	3.80
	문제해결력	3.50	3.68
	정보활용력	3.72	3.70
자기주도 역량	성취동기	3.58	3.82
	자기관리 능력	3.34	3.82
	자기 확신	4.24	4.24
사회역량	의사소통 능력	4.00	3.98
	협동심	4.04	3.94
	사회적 책무성	3.96	3.78

　　결과 해석을 위하여 학생과 학부모를 대상으로 추가 면담을 한 결과, 공통적으로 코로나19 시기 온라인 학습을 통한 학습 결손에 대한 우려가 컸으며, 학습에 대하여 학생 스스로 과제를 해결하기 위한 학습 습관으로서의 자기주도역량에 대한 요구가 컸습니다. 또한 학급의 학생들과 사회적 관계 기술로서 협동심과 의사소통능력 개발의 필요성을 함께 강조하고 있었습니다.

　　학생과 학부모의 요구 조사 결과를 반영하여, 역량을 개발하기 위한 구체적인 실천 방법으로서 라이프스킬 중심 체육수업을 계획하였습니다. '문제인식−전략수립−실행'의 과정에서 동료 학생들과 소통하며 문제 상황을 성공적으로 해결할 수 있도록 융합형 프로젝트 수업을 설계해 운영하였습니다.

✔ 설문 조사를 할 때는 문항을 명확하게 표현합니다.

✔ 구글 폼, 네이버 폼 등을 활용하면 비대면으로 설문 조사를 진행하고 자료
  를 효율적으로 수합할 수 있습니다.

✔ 부정어가 있는 문항은 피하고, 가치중립적인 용어를 사용합니다.

블렌디드 수업 운영 개요

온라인과 대면 수업이 혼합된 형태의 블렌디드 수업 모델을 운영하였습니다. 학생들에게 길러주어야 하는 미래 역량 요소를 고려하여 계획한 6차시의 융합형 프로젝트 수업입니다.

체육교과를 중심으로 교육과정 내의 교과별 성취기준을 분석한 후 수업 주제와 활동 방법에 가장 적합하다고 인식되는 교과의 주제를 수평적으로 통합하였습니다. 체육교과 중심의 블렌디드 수업 모형을 활용한 수업 중 '운동을 오래 할 수 있는 힘을 기르고, 신체를 활용하여 의사소통하기' 수업을 소개합니다.

재구성 교과 및 단원	체육+도덕		
	체육: 1-2. 운동으로 체력이 좋아져요 도덕: 2. 인내하며 최선을 다하는 생활	수업 차시	6/6

수업 개요	학생 스스로 자신의 체력 수준을 점검하고, 자기목표를 수립한 후 운동 체력활동 실천하기 • '발목 줄넘기, 사각 양발 모아 뛰기'의 운동체력활동 중심 이어달리기 • 자기주도역량: 스스로 목표를 수립하고, 목표 달성을 위하여 최선을 다하기 • 사회역량: 모둠원과 약속된 신체 상호작용 활동을 통하여 협동심과 의사소통 능력 향상하기
	• 라이프스킬 실천하기 – 자기인식: 나의 체력 수준을 알고 목표 세우기 – 협동: 모둠의 목표 달성을 위하여 최선을 다하기, 핸드쉐이크로 약속된 신체 언어 실천하기

① 수업 주제 선정 및 목표 이해하기	• 스스로 목표를 세워 건강한 운동체력활동을 해 봅시다. • 나! 모둠!의 목표를 정하고 실천하는 과정에서 라이프스킬을 길러봅 시다.
② 배경지식 탐구하기	• 신체 활동 중심의 건강한 체력활동의 중요성 이해하기 • 학생과 학부모가 나의 미래에 필요한 능력에 대하여 어떻게 이해하는 지 알아보기 • 운동체력활동을 실천하며 자신의 신체 활동 목표 수립하기 • 모둠별 신체 활동 목표 및 실천의 내용을 공유하고, 소통하며 공동의 목표 달성하기
③ 실행하기	• 모둠원과 신체 활동 언어 약속하고 연습하기 • 모둠원의 신체 활동 수준을 공유하고, 공동의 운동 목표 수립하기 • 협동하여 운동체력활동 미션-3 수행하기 • 모둠원과 전략을 수정하여 미션-3 수행하기 • 신체 활동을 통해 발견한 라이프스킬 연습하기
④ 정리 및 수정하기	• 일상생활 속에서 건강을 향상시키기 위하여 자기 주도적으로 운동 을 실천하고 관리하는 라이프스킬 기르기 • 스포츠퍼슨십의 협동과 공정한 태도를 길러 건강한 미래사회 공동 체를 만들기 위한 라이프스킬 기르기

콘텐츠 제작 및 활용 수업	온라인 실시간 수업(Zoom meetings)
라이프스킬의 개념과 가치 이해하기	미래역량과 관련지어 라이프스킬을 발견하는 연습하기

체육교과 중심의 융합형 프로젝트 수업의 6차시 수업 흐름은 아래와 같습니다.

구분	수업 유형	수업 활동(선택활동 등)
1차시	오프라인 –운동장	• 운동 체력 향상을 위한 발목 줄넘기 기본 기능 연습하기
2차시	실시간 쌍방향 (Zoom meeting)	• 나에게 필요한 미래핵심역량 도출하기(설문 조사) • 라이프스킬의 의미와 가치 이해하기 • 신체 활동 중심의 건강한 여가활동 중요성 이해하기
3차시	콘텐츠 제작 · 활용 (e학습터)	• 자기주도적 신체 활동 목표를 수립 후 가정에서 운동체력활동 실천하기 – e학습터 게시판을 활용하여 실천 내용 공유 및 응원하기 • 자기인식을 위한 라이프스킬 발견하기
4차시	토의하기 (대면수업: 교실)	• 라이프스킬을 실천하기 위한 방법으로서 신체 약속 언어의 의미 소개하기 • 모둠별 협동심 고양을 위한 핸드쉐이크 동작 구성 및 연습하기 ⓐ
5차시	자기 체력 점검하기 (대면수업: 운동장)	• 1분 동안 할 수 있는 발목 줄넘기 개수 확인하기 • 연습을 통해 다음 수업에서 달성 가능한 발목 줄넘기 목표 개수를 설정하고 연습하기
6차시	라이프스킬 실천 체육수업 (대면수업: 운동장)	• 운동 체력 향상을 위한 미션–3 수행하기 ⓑ – 양발 발목 줄넘기, 사각 점프활동, 핸드쉐이크 ⓒ • 모둠토의를 통해 자신의 과제수행 목표 설정 후 미션–3 수행하기

ⓐ 나만의 신체 언어:
핸드쉐이크 동작 만들기

ⓑ 수업 활동 설명 영상
(Flipped Learning)

ⓒ 모둠별 핸드쉐이크 동작
연습하기

라이프스킬 중심의
체육수업 계획

학생과 학부모의 미래 역량 요구 우선순위에 따라 자기주도역
량 및 사회역량함양을 위한 라이프스킬 중심 체육수업을 설계하였습
니다.

단원	1. 운동	차시	16/18	핵심 역량	자기관리 및 협력적 소통
성취 기준	[4체01-02] 기본 체력 운동의 방법과 절차를 익히며 자신의 수준에 맞는 운동을 시도한다. [4체01-05] 자신의 신체적 특징을 긍정적으로 인식하고 운동 계획을 세워 안전하게 활동한다.				
학습 주제	자기주도적이고 공동의 목표 달성을 위한 운동체력활동 수행하기				
학습 문제	체력을 기르기 위한 운동을 하면서 라이프스킬을 실천해 봅시다.				
라이프 스킬 바구니	■ 자기인식 　□ 자신감 　　■ 인내 / 끈기 □ 존중 　　　□ 배려 　　　□ 신뢰 ■ 협동 　　　□ 책임감 　　■ 의사소통 　　□ 규칙준수				

✔ [활동 1]의 교수 · 학습과정안

단계	학습요소	교 수 · 학 습 활 동	자료 (교사: ▷학생: ▶) 유의점(※)
도입	점검	· 수업 환경 안전 상태, 학생 인원 및 건강상태 확인 · 운동으로 체력이 좋아지면 좋은 점 이야기하기	※ 모둠 대형 (1m 거리 유지)
동기유발	체력의 중요성 인식	· 몸에 땀이 날 정도로 운동을 하고 나면 어떤 점이 좋습니까? (예) 체력이 좋아지고 쉽게 지치지 않습니다. 　　　기분이 좋아지고 마음이 여유로워집니다.	※ 5차시 활동, 동기유발의 간소화
과제제시	학습 문제 확인	〈학습문제〉 체력을 기르기 위한 운동을 하면서 라이프스킬을 실천해 봅시다. 【활동 1】운동체력을 기를 수 있는 게임하기 【활동 2】라이프스킬 발견하기 【활동 3】운동 체력과 라이프스킬 기르기	
전개	준비 운동	○ 본 활동에서 중점적으로 사용하는 근육, 관절 풀어주기	
게임이해	운동 체력을 기르기 위한 경기 방법	【활동 1】운동 체력을 기를 수 있는 게임하기 [경기규칙] ① 과제1: 모둠별 1번 주자가 원형 마커에서 숫자 ① → ② → ③→ ④ 순서대로 양발 모아 뛰기 3번 하기 ⓓ ② 과제2: 꼬깔콘을 지그재그로 지나 발목 줄넘기 하기 – 발목 줄넘기의 개수: 학생들이 자신의 운동과 체력 수준에 따라서 협의 후 개수 조정하기 – 게임 진행 상황에 따라 왼발, 오른발 바꾸어 제시 가능 ③ 과제3: 핸드쉐이크로 다음 주자와 교대하기 ※ 모둠별 대항전: 속도 경쟁 지양, 규칙을 지키면서 라이프 스킬 실천 관찰하기 ※ 경기 규칙은 수업 1일 전 사전영상수업으로 안내	▷경기장 1set: 원마커 4, 꼬깔콘 3, 발목 줄넘기 4 (총 6set) ※ 규칙을 정확하게 지킬 수 있도록 강조, 모둠원들의 협의 및 전략 회의 시간 보장 ※ 운동 기능 수준이 낮은 학생에게도 실천 가능한 목표를 설정할 수 있도록 격려하기

다이어그램: 과제2, 과제1 표시와 경기장 배치도

★ 혁준 쌤의 지도 팁!

활동 1에서 학생들은 자신의 체력 수준을 확인하고 스스로 운동 목표를 설정하여 실천하는 것이 중요합니다.

✔ 과제2 〈발목 줄넘기 하기〉: 이전 차시 수업에서 1분을 기준으로 자신의 발목 줄넘기 수행 개수를 체크하도록 합니다. 그 기록을 참고하여 경기에서 자신이 수행 가능한 목표 개수를 설정하도록 하였습니다. 이때도 1분 내에 수행 가능한 개수를 기준으로 합니다.

✔ 과제2가 끝나고 나면 전력 질주하여 다음 주자에게 자신이 만든 핸드쉐이크를 함께 하면서 배턴을 터치하도록 합니다. 이때 다음 주자는 과제를 모두 수행하고 돌아오는 주자에게 최선을 다했다는 격려의 의미를 담아, 돌아온 주자의 핸드쉐이크를 함께 하도록 하였습니다.

단계	학습요소	교 수 · 학 습 활 동	자료 (교사: ▷학생: ▶) 유의점(※)
TPSR에 필요한 행동 확인	모둠 토의 라이프 스킬 알아보기	【활동 2】 라이프스킬 발견하기 • 모둠원들과 게임활동에서 발견한 라이프스킬에 대하여 토의하기 – 모둠원들이 각각 발견한 라이프스킬을 서로 소개하기 • '자기인식, 협동'의 목표를 달성하기 위하여 실천하고 싶은 라이프스킬 목표 설정하기 ⓔ (예) 협동: 핸드쉐이크를 할 때 눈을 보고 동작을 크게 하기 자기인식: 내가 할 수 있는 목표를 정하고 조금 더 노력하기 · 라이프스킬을 실천하기 위한 구체적인 방법 안내하기 (예) 팀 응원 등 ★ 자기관리 및 공동체역량 모둠의 목표 수준을 파악 → 개인의 역할 나눔 모둠의 목표를 함께 달성하기 위하여 모둠원들과 자신의 생각과 감정을 효과적으로 표현하고, 다른 사람의 의견을 경청하며 존중하는 능력을 기르도록 함. 학생들은 자신의 체력 수준에 대한 인식을 바탕으로 수행 가능한 도전 목표를 설정하고, 팀 퍼포먼스 향상을 위하여 모둠원들의 목표를 조정하는 협동의 전략을 활용함.	※ 모둠 대형 (1m 거리 유지) ※ 5차시 활동, 동기유발의 간소화

단계	학습요소	교수 · 학 습 활 동	자료 (교사: ▷학생: ▶) 유의점(※)
TPSR 학습활동 선택 및 게임 재실행	활동 속에서 라이프스킬 근육 키우기	【활동 3】운동 체력과 라이프스킬 기르기 · 라이프스킬을 기르기 위한 약속된 행동을 실천하며 운동 체력 게임을 다시 해봅시다. (예) 협동: 핸드쉐이크, 　　　자기인식: 나의 수준을 뛰어넘기 등 －과제1, 과제2에서 도전 가능한 목표 개수를 정하고 실천하기 －우리 모둠의 라이프스킬 실천 행동을 점검하고 점수 매기기 · 게임 후 우리 팀 라이프스킬 점수 매기기 ★ 협력적 소통 역량 각각의 모둠원들이 약속한 신체 신호인 '핸드쉐이크' 동작을 경쟁 활동 상황에서 실천하며, 팀 단결력 향상 및 모둠원들에 대한 신뢰 향상에 도움을 주기 위한 전략.	※ 모둠에서 약속한 라이프스킬 실천 목표를 잘 실천하고 있는지 자기, 동료 평가가 이루어질 수 있도록 안내
정리 학습결과 평가	정리운동	· 가벼운 근육 이완 체조 · 학습정리 － 체력을 기르려면 어떤 운동을 해야 합니까? 　: 몸에 땀이 나고 숨이 찰 정도의 운동을 해야 합니다. － 운동 체력을 효과적으로 키우기 위하여 어떤 점에 유의해야 합니까? 　: 자신의 체력 수준을 알아야 합니다. · 게임을 하면서 라이프스킬을 실천한 느낌 나누기 · 체육수업 이후 일상생활에서 실천하기 위한 계획 발표하기	※ 정렬된 대형 없이 가벼운 정리운동 실시 ※ 모둠 대형, 운동 체력을 꾸준하게 실천하고, 라이프스킬이 전이될 수 있도록 안내
	돌아보고 생활 속으로		
		· 차시예고 － 생활 속에서 자기 스스로 체력을 기르기 위한 계획을 세우고 실천해 봅시다.	

ⓓ 사각 양발 모아 뛰기　　　　　　　ⓔ 모둠별 라이프스킬 설정하기

평가 계획

　　교사는 학생의 성장과 발달을 돕는 과정 중심의 평가 계획을 수립하였고, 수행과제에서 교사가 계획한 기준 외에 수업에서 긍정적인 요소들이 추가로 발견되면 평가 기준에 포함하여 활용하도록 하였습니다. 학생들이 스스로 자신의 체력 수준에 맞는 운동 목표를 세워서 실천하고 있는지를 관찰하고, 신체 활동에서 라이프스킬을 발견하고 이를 실천하기 위하여 노력하는 정의적 영역의 평가 기준도 마련하였습니다.

평가 목표	자신의 체력 수준에 맞는 운동을 하고, 모둠 협동을 위한 라이프스킬을 실천할 수 있다.		
평가 내용	• 나의 체력 수준에 맞는 운동 목표를 설정하고 실천하였습니까? • 모둠에서 약속된 핸드쉐이크 동작을 정확하고 자신 있게 하였습니까? • 라이프스킬의 의미를 이해하고 실천하기 위하여 노력하였습니까?		

과정 중심 평가 계획	학습 단계	평가기준	평가유형
	잘함	나의 체력 수준에 맞게 운동 목표를 세워서 실천하고, 라이프스킬을 실천하기 위하여 노력하였습니다.	■ 관찰평가 ■ 동료 평가 □ 프로젝트 □ 논술평가 ■ 모둠 활동지 □ 포트폴리오 □ 기타 ( )
	보통	나의 체력 수준에 맞게 운동 목표를 세워서 실천하였지만, 라이프스킬을 실천하기 위한 노력이 필요합니다.	
	노력요함	나의 체력 수준에 맞는 운동 목표 설정을 힘들어 하였고, 라이프스킬을 실천하기 위한 노력이 필요합니다.	

| 피
드
백 | • 자신의 체력 수준을 알고 모둠원과 의논하여 팀 목표 달성을 위한 자신의 역할을 인식하고 이를 적극적으로 실천할 수 있도록 한다.
• 모둠원 각자의 약속된 신체 언어를 정확하게 기억하여 게임 중 의사소통하며 실천할 수 있도록 한다. | | |

★ 🧑 **혁준 쌤의 지도 팁!**

✔ 학생들이 자기 과시를 위하여 체력 수준을 뛰어넘는 목표로 설정하는 것을 경계해야 합니다. 실제 수업에서 발목 줄넘기 목표 개수를 지나치게 높게 설정한 학생은 수업 후 어지러움을 호소하기도 하였습니다. 자신의 목표를 정확하게 인식하고 체력 수준에 맞는 개수를 설정해야 함을 강조해 주세요.

✔ 발목 줄넘기의 가장자리 볼 부분에 반대쪽 발이 부딪히는 경우가 종종 발생합니다. 이 경우 학생들은 고통을 호소하고, 심하게 충격을 받을 경우 복숭아뼈 주변에 염좌가 발생할 수도 있습니다. 학생들에게 안전사고 예방을 위한 사전 교육을 꼭 하세요.

민첩성을
기르기 위한
게임 활동

    학생들이 즐겁게 참여하면서 교육적으로 성장할 수 있는 체육수업에 대한 고민이 많으시죠? 이번에 소개할 내용은 '게임 활동'을 통해 민첩성을 기르고, 새로운 라이프스킬을 발견하는 연습을 하는 것입니다.

    게임 속에 내재한 '경쟁'은 학생들의 체육수업 참여도를 향상시키며, 동시에 여러 갈등 상황에서 라이프스킬 발견의 기회를 제공합니다. 학생들 스스로 라이프스킬을 발견하고 규칙을 준수하면서 친구들과의 협력을 이끌어 낼 수 있는 체육수업, 함께 살펴보겠습니다.

무엇을 배울 수 있는 수업일까?

　　2022 개정 체육과 교육과정 5~6학년 운동 영역의 운동 체력 중 민첩성 기르기 두 번째 활동입니다. 운동 체력은 운동을 잘하기 위해서 필요한 체력으로 순발력, 평형성, 민첩성, 협응성 등이 있습니다. 이 중 민첩성은 몸의 위치나 방향을 빠르게 바꾸거나 자극에 대하여 재빠르게 반응할 수 있는 체력을 의미합니다.

　　이번 수업에서는 라이프스킬 바구니 10개 중 '협동, 의사소통, 규칙준수'와 관련된 라이프스킬을 발견할 수 있도록 구성하였습니다. 나아가 새로운 라이프스킬을 발견하는 학생들의 의견도 존중할 수 있도록 수업에 반영하였습니다.

단원	1. 운동	차시	13/20	핵심 역량	자기관리역량
성취 기준	[6체01-02] 건강 체력과 운동 체력을 측정하고 자신의 체력 수준에 맞는 운동을 시도한다.				
학습 주제	다양한 운동과 게임을 통해 민첩성을 기르고 라이프스킬을 실천할 수 있다.				
학습 문제	체력을 기르기 위한 운동을 하면서 라이프스킬을 실천해 봅시다.				
라이프 스킬 바구니	■ 자기인식 □ 존중 ■ 협동	□ 자신감 □ 배려 □ 책임감	■ 인내 / 끈기 □ 신뢰 ■ 의사소통		□ 규칙준수

단계	학습요소	교수 · 학습 활동
도입	점검	• 수업 환경 안전 상태, 학생 인원 및 건강 상태 확인
동기 유발	민첩성의 중요성 인식	• 생활에서 민첩성이 좋으면 유리한 점 예상하기 • 몸의 방향을 신속하게 바꿀 수 있으면 어떤 점이 유리합니까? – (예) 축구 경기에서 수비수를 쉽게 따돌릴 수 있다. – (예) 빠른 속도로 친구들 사이에서 몸을 피할 수 있다.
과제 제시	학습 문제 확인	〈학습문제〉 민첩성을 기르고 라이프스킬을 실천해 봅시다. [활동 1] 민첩성을 기를 수 있는 게임하기 [활동 2] 라이프스킬 발견하기 [활동 3] 민첩성과 라이프스킬 기르기
	준비운동	• 수업에서 중점적으로 사용하는 근육, 관절 풀어주기

★ **혁준 쌤의 지도 팁!**

수업 모형은 개인적 · 사회적 책임감 지도 모형(TPSR: Teaching for Personal and Social Responsibility)**을 활용하였습니다.** 이 모형에서는 신체 활동이 이루어지는 환경에서 자신과 팀이 수행해야 하는 책임감의 내용을 인식하고 이를 실천하는 과정에서의 학습 수행을 강조합니다. 이 수업 모형은 라이프스킬 중심 체육수업 지도에서 유용하게 활용되고 있습니다.

[활동 1] 민첩성을 기를 수 있는 게임하기

민첩성에 중점을 두고 운동 체력의 다른 요소들이 복합적으로 어우러진 활동으로 구성해 보았습니다. 이번 활동은 4명씩 한 모둠으로, 2개의 모둠이 함께 게임을 하도록 설계하였습니다. 하나의 모둠이 아래의 활동을 먼저 수행하고, 이후 두 번째 모둠이 역할을 바꿔서 같은 활동을 반복합니다.

[과제1] 사이드스텝
          왕복 3회 실시

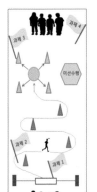

좌우에 배치된 접시콘을 허리를 숙여 손으로 짚으며 빠르게 콘 사이를 방향을 바꾸어 가며 이동합니다. 하나의 콘을 기준으로 총 3회 터치합니다.

[과제2] 콘을 돌아
          지그재그 달리기

경기장의 규모, 학생들의 수준에 따라 콘의 개수와 간격을 조정할 수 있습니다.

[과제4] 지정한 색상의
          카드 맞추기

상대 모둠에서 네 명의 학생이 등 뒤에 숨기고 있는 카드의 색을 맞추어 봅니다. 선수는 하나의 색을 지정하여 해당 색상의 카드를 들고 있을 것으로 짐작하는 학생을 가리키도록 합니다.

[과제3] 원에서 출발해
          사각콘 사이드스텝

가운데 원마커를 중심으로 사각형 모양으로 배치된 라바콘을 한 번씩 짚고 돌아옵니다.

 혁준 쌤의 지도 팁!

과제4에서 한 번에 맞추면 해당 카드를 받아서 출발 지점으로 빠르게 뛰어갈 수 있으며, 실패해도 학생들에게 재도전의 기회를 부여할 수 있습니다. 카드를 찾지 못한 학생들은 과제3 지점으로 돌아가서 원마커 위에서 팔 벌려 뛰기를 3회 한 후 다시 한번 색상에 맞는 카드를 찾을 기회를 제공받을 수 있습니다. 이 과정은 학생이 지정한 색상의 카드를 맞출 때까지 반복적으로 수행 가능합니다.

단계	학습요소	교수 · 학습 활동	자료 및 유의점
전개 게임 이해	민첩성을 기르기 위한 경기 방법	【활동 1】민첩성을 기를 수 있는 게임하기 [경기 규칙] ① 출발팀 1모둠, (맞은편)대기팀 1모둠: 　출발팀 중 1명 접시콘 들고, (배턴을 대신하여)두건 　착용 출발 → 과제수행 → 대기팀 중 1명 지목, 　접시콘 비교 → 일치: 출발선에서 다음 주자 터치, 　불일치: 미션수행에서 과제카드에 적힌 미션(간단한 　체력 운동) 수행 　(모둠별 인원 수: 1, 2경기장 '4: 4', 3경기장 '5: 5') ② 총 3개의 경기장으로 구성 ⓐ ③ 과제1: 사이드스텝 왕복 3회 실시 ④ 과제2: 콘을 돌아 지그재그 달리기 ⑤ 과제3: 원에서 출발해 사각콘 사이드스텝 ⓑ ⑥ 과제4: 색카드 맞추기 ⓒ, 실패하면 과제3으로 가서 　팔 벌려 뛰기 3회 후 재도전하기 ⓓ ⑦ 과제가 완료된 후 출발팀과 대기팀의 임무를 　교대하여 게임하기	▷경기장 1set: 　원마커 3, 　접시콘 4, 　라바콘 4, 　미션수행카드 　3장 　(책상)(총 3set), 　라바콘 4개 ※규칙을 　정확하게 　지킬 수 있도록 　강조, 역할을 　교대할 때 　접시콘을 내려 　놓는 위치 안내 　(ALT-PE↑)

ⓐ 수업 안내 대형　　　　　　　ⓑ 사각콘 사이드스텝

ⓒ 지정한 색상의 카드 맞추기　　　　　ⓓ 팔 벌려 뛰기(추가미션)

[활동 2] 라이프스킬 발견하기

　두 번째 활동은 학생들이 활동 1을 통해 스스로 라이프스킬을 발견하는 과정입니다. 학생들은 게임을 통해 느낀 점을 바탕으로 더 정확하게 지켜야 하는 규칙이 무엇인지 의견을 나눕니다. 나아가 팀의 협력을 위하여 활용할 수 있는 새로운 라이프스킬이 있다면 함께 제안하도록 하였습니다.

　교사는 학생들이 국어교과에서 활용한 토의 경험을 체육수업에서도 활용할 수 있도록 모둠 칠판을 준비합니다. 학생들은 승패에 집착하지 않고 자신들만의 실천 목표로서 라이프스킬을 약속한 후, 경기장 다보판을 모두가 볼 수 있도록 배치하여 모둠 활동 결과를 공유할 수 있도록 하였습니다.

단계	학습 요소	교 수 · 학 습 활 동	자료 및 유의점
	모둠 토의	【활동 2】 라이프스킬 발견하기 • 모둠원들과 신체 활동에서 발견한 라이프스킬에 대하여 토의하기 ⓔ – 모둠원들이 각각 발견한 라이프스킬을 서로 소개하기	▶모둠 칠판 6개, 다보판 6개 ※협동학습의 개인 담당 역할 인지, 다양한 라이프스킬을 나눌 수 있도록 개방적인 학습 분위기 조성
게임 이해 TPSR에 필요한 행동 확인	라이프 스킬 알아보기	• 모둠 토의에서 발견된 라이프스킬 중 게임을 통해함께 실천하고 싶은 것을 하나 골라 다른 모둠원들에게 소개하기 ⓕ (예) 배려: 달리기가 느린 친구에게 소리 지르지 않기 　　책임감: 과제를 성공하지 못해도 끝까지 최선을 다하기 　　규칙준수: 약속된 규칙을 정확하게 지키면서 게임 하기 • 라이프스킬을 실천하기 위한 구체적인 방법 안내하기 (예) 라이프스킬 점수판 활용하기, 팀 구호 외치기 등	TPSR: Teaching for personal and social responsibility (개인적 · 사회적 책임감 모형)

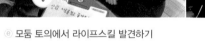
ⓔ 모둠 토의에서 라이프스킬 발견하기

ⓕ 모둠에서 발견한 라이프스킬 발표하기

[활동 3] 민첩성과 라이프스킬 기르기

세 번째 활동은 학생들이 스스로 발견하고 약속한 라이프스킬을 민첩성 기르기 게임에 적용하면서 실천하는 과정입니다.

● 학생들이 발견한 라이프스킬의 예시

- · 신뢰: 달리기가 느린 친구가 잘할 수 있도록 박수치기
- · 규칙준수: 사이드스텝에서 콘에 정확하게 손대기
- · 존중: 카드의 색상을 보여줄 때 놀리지 않고 정확하게 보여주기
- · 인내/끈기: 마지막 주자도 최선을 다해서 달리기

활동이 끝난 후에는 순위 점수에 라이프스킬 점수를 더하여 모둠의 총점을 계산하여 안내합니다. 이때 점수를 안내하고 학생들의 실천 결과를 독려하되 모둠의 순위를 서열화하지는 않습니다.

★ 혁준 쌤의 지도 팁!

모둠 칠판에는 학생들이 스스로 발견한 라이프스킬을 적은 후, 모두가 볼 수 있는 공간에 다보판을 활용하여 세워 학급 전체와 공유합니다. 교사는 두 번째 경기가 진행되는 중에 모둠원들이 함께 발견하고 약속한 라이프스킬을 잘 실천하고 있는지를 점검합니다. 학생들이 라이프스킬을 실천하는 모습이 보이면 모둠 칠판에 스티커를 하나씩 붙여 동기 부여를 돕습니다.

단계	학습 요소	교수 · 학습 활동	자료 및 유의점
TPSR 학습활동 선택 및 게임 재실행	활동 속에서 라이프스킬 근육 키우기	【활동 3】민첩성과 라이프스킬 기르기 • 라이프스킬을 기르기 위한 전략을 실천하며 민첩성 기르기 게임을 다시 해봅시다. (예) 존중, 배려: 격려 구호 외치기, 배려: 힌트 주기 등 상대 모둠의 라이프스킬 전략 실천을 확인하고 점수 매기기	※안내된 라이프 스킬 전략 실천을 보면서 동료 평가가 이루어질 수 있도록 안내 분위기 조성
	정리 운동 알아보기	• 자신의 운동 체력 수준을 이해하고, 수준에 적합한 미션 과제 수행하기	

수업을 마무리하면서 학생들의 소감을 들으며, 체육수업을 통해 발견한 라이프스킬을 일상생활에서 어떻게 실천하고 적용할 수 있는지를 발문합니다.

● 발문

1. 학급에서 잘 실천하지 못하는 규칙준수에는 무엇이 있을까요? 이를 라이프 스킬 '~하기'로 이름을 지어 보고 실천해 봅시다.

2. 나의 목표를 달성하기 위해 필요한 '인내, 끈기' 관련 라이프스킬은 어떤 것이 있을까요?

학생들은 라이프스킬에 대한 다양한 생각을 친구들과 나누었습니다. 교사는 이를 실천하기 위한 다짐과 실천의 결과를 학습 플래너에 작성할 수 있도록 안내합니다.

이 수업은 라이프스킬 교육을 시작한 지 약 한 달의 시간이 지난 후에 이루어진 수업입니다. 학생들은 학급에서 라이프스킬을 찾기 위한 훈련을 반복적으로 경험하였지만, 실제 운동 상황에서 라이프스킬을 모둠원들과 함께 찾는 수업은 처음이었습니다. 라이프스킬 교육 초기 시행착오를 겪으며 경험했듯이 학생들은 '역량요소 중 인성적 개념이 곧 라이프스킬(예: 존중하기 = 라이프스킬)'이라고 이해하는 모습을 보였습니다. 그러나, 학생들이 역량으로서의 라이프스킬을 발견하고 구체적인 실천 방법으로서의 기술로서 라이프스킬을 새롭게 정의하는 모습을 보였고, 이후 실제 체육 활동에서도 실천하기 위한 노력이 이어지면서 라이프스킬 중심 체육수업의 성공을 향한 새로운 가능성을 발견할 수 있었습니다.

★ 🧑 혁준 쌤의 지도 팁!

✔ 체육관의 규모가 크지 않을 경우, 지그재그 달리기를 하면서 옆의 다른 팀원과 부딪힐 수 있습니다. 이를 예방하기 위해 경기장 사이의 간격을 충분히 띄워주거나, 지그재그 접시콘의 방향을 학생들이 엇갈리지 않도록 반대 방향으로 설치하는 것도 좋은 방법입니다.

✔ 체력 운동을 할 때 학생들이 경쟁에 심취할 경우 자신의 신체 수준을 고려하지 않고 무리하는 경우가 있습니다. 사이드스텝을 무리하게 할 경우 발목이 접질릴 수 있으며, 체력이 약한 학생은 숨이 차는 활동을 할 때 호흡곤란이 일어날 수도 있습니다. 학생들이 경쟁에 너무 집착하지 않도록 사전에 안전 교육을 진행하는 것이 중요합니다.

✔ 체육관 수업에서 실내화를 신고 운동하는 학교일 경우, 방향을 빠르게 전환하며 뛰어다니는 활동에서 미끄러짐 현상이 발생하기 쉽습니다. 학교의 여건이 허락된다면 바닥이 고무 재질로 만들어진 실내용 운동화 착용을 권장합니다.

'협동형 스키'를 활용한 생태형 스포츠 체험

생태형 스포츠는 생활 주변이나 자연환경 등 다양한 환경적 맥락 속에서 인간과 환경과의 상호작용 및 생태적 결합을 추구하는 스포츠 활동입니다(교육부, 2022). 이중 자연환경형 스포츠는 학교에서 기본 움직임 기술을 지도할 수 있지만, 실제 스포츠 활동과 유사한 경험을 제공하는 데에는 한계가 있습니다. 이번 장에서는 학교에서도 학생들이 스키 수업의 모습을 조금이나마 구현해 볼 수 있도록 '협동형 스키'를 활용한 신체 활동을 소개합니다.

협동형 스키 소개

생태형 스포츠 대표 종목 중 하나인 스키를 변형한 '협동형 스키'를 소개합니다. 정통 스키 종목에서 강조하고 있는 운동 기능을 온전하게 학습하지는 못하지만, 비슷한 장비와 간단한 기능 활동을 활용하는 것은 가능합니다. 학생들이 개인적으로 스키를 체험하게 되었을 때에도 이번 활동 참여의 경험이 전이되어 활용될 수 있습니다.

[활동 1] 협동형 스키의 기초 기능 익히기

[활동1, 2]는 협동형 스키와 친숙해지는 시간입니다. 팀원의 호흡이 중요한 활동으로 손과 발에 많은 힘이 들어가기 때문에 학생들이 힘들어하기도 합니다. 먼저 바닥이 부드러운 교실과 체육관에서 자유롭게 움직임을 연습하도록 하고, 팀원 사이에서 '스키 밀고 당기기'를 동시에 하기 위한 신호를 약속하도록 지도합니다. 교사는 움직임의 방법으로 세 가지를 제시할 수 있습니다.

● 기초 기능을 익히기 위한 움직임의 방법

① 11자로 스키를 밀고 당기며 앞으로 이동하기

② 11자로 스키를 밀고 당기며 옆으로 이동하기

③ 원의 중심을 가정하여 제자리에서 한 바퀴 돌기

이러한 기본 기능을 연습한 후, 활동 2의 미니 경기를 통해 기본 움직임 기술 향상을 확인할 수 있습니다.

[활동 2] 협동형 스키 미니 경기하기

✔ 활동 방법

① 두 조가 하나의 팀(A팀, B팀)을 이룹니다. A팀과 B팀은 20~30m 간격을 두고 마주 봅니다.

② 팀원들 간의 전략 회의를 통해 활동 내용을 점검합니다. A, B팀의 역할을 바꾸어 다른 방법으로 1회 더 경기를 수행합니다.

③ 먼저 출발하는 A팀은 앞으로 이동한 후, 원하는 지점에서 제자리 돌기를 합니다. 그 후 다시 앞으로 이동하여 B팀에게 스키를 넘깁니다.

④ 스키를 받은 B팀은 옆으로 이동합니다. 그 후 원하는 지점에서 제자리 돌기를 하고, 다시 옆으로 이동하여 결승점에 도착합니다.

협동형 스키 미니 경기 모습

✔ [활동 1, 2]의 교수 · 학습과정안

단계	학습 요소	교 수 · 학 습 활 동	자료 및 유의점
전개 게임 이해	준비 운동	• 본 활동에서 중점적으로 사용하는 근육, 관절 풀어 주기	
	운동 체력을 기르기 위한 경기 방법	【활동 1】 협동 스키의 기초 기능 익히기 • 협동형 스키란? 동계 스포츠의 스키 종목을 3인 어린이가 함께 타는 스키 협동 및 인내/끈기, 의사소통 기능 향상에 도움을 줌 기능 ① : 11자로 스키를 타며 앞으로 이동하기 기능 ② : 11자로 스키를 타며 옆으로 이동하기 기능 ③ : 스키를 타고 원을 그리며 제자리 돌기 【활동 2】 협동 스키 미니 경기하기 구역을 나누어 기능 학습 숙달 여부 확인하기 A팀 : 기능 ①로 이동 후 기능 ③을 하고 터치 B팀 : 기능 ②로 이동 후 ③을 하고 터치 ※ 팀을 나누어 반복 경기 후, A팀 – B팀 바꾸어서 경기하기	※경기장 바닥 상태에 따라 난이도가 달라질 수 있다. 먼저 바닥이 부드러운 실내 공간에서 연습의 기회가 주어진다면 주요 기능을 더 빨리 습득할 수 있다.

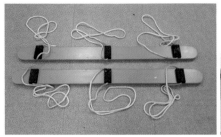
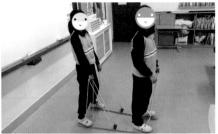

협동형 스키 1세트 | 협동형 스키 착용 모습(2인용 변형)

협동형 스키 기본 움직임 기술 (타기, 버티기, 밀기) 연습

[활동 3] 협동형 스키의 기초 기능 익히기

　[활동 3]에서는 [활동 1, 2]에서 연습한 기본 기능을 활용한 '협동형 스키 릴레이 경기'를 진행합니다.

✔ [활동 3]의 교수 · 학습과정안

단계	학습 요소	교 수 · 학 습 활 동	자료 및 유의점
전개 게임 이해	경기 수행 및 라이프 스킬 발견하기	【활동 3】 협동 스키의 기본 움직임 기술 익히기 • 이전 수업에서 학습한 미니게임을 1회 더 연습한 후, 팀원 간 실력향상을 위한 전략 구성하기 • 라이프스킬 생각하기, 출발 순서 정하기, 전략 구성의 계획은 미니 칠판에 기록하기 • 협동 스키 경기 시작하기	※코스별 활동을 잘 수행할 수 있도록 학생 심판 활용

✔ 경기 방법

① A코스에서 10m를 앞으로 가기로 이동합니다.

② B코스(바닥에 표기)에서는 옆으로 5m를 이동합니다.

③ C코스에서는 제자리에서 한 바퀴를 돕니다.

④ 이후 C코스에서 출발점까지 이동할 때는 팀원들의 합의를 통해 가장 이동이 편한 방법으로 빠르게 들어와서 다음 팀에게 협동형 스키를 인계합니다.

✔ 지도상의 유의점

① 다음 팀에게 협동형 스키를 인계할 때 줄을 바닥에 내려놓으면 다음 팀의 출발이 늦어질 수 있습니다. 줄을 바닥에 내려놓지 않고, 친구들의 손에 쥐여주는 행동을 실천하면서 '배려'와 관련된 라이프스킬을 연습할 수 있습니다.

② 앞으로 가기, 옆으로 가기가 정확하게 수행될 수 있도록 동료 학생들에게 감독자의 역할을 부여할 수 있습니다. 감독자가 된 학생들은 참여자들에게 경기 규칙에 대해 안내하고 확인할 수 있도록 합니다.

협동형 스키 활동 모습

대기 인원(심판, 규정 체크)

모둠 전략 회의

　경기에 참여하는 과정에서 학생들은 라이프스킬 바구니와 관련되는 경험을 하였을 경우, 라이프스킬 바구니 티켓을 화이트 보드에 부착하였습니다. 수업이 모두 끝나면 가장 많이 부착된 바구니의 내용에서부터 학생들의 구체적인 경험을 공유하는 시간을 가졌습니다. 이를 통해 학생들은 발견된 라이프스킬을 실천하려는 의지를 갖고 다시 한 번 경기를 할 수 있습니다.

준비된 라이프스킬 바구니

라이프스킬 바구니 발견 후 부착하기

경기 후 라이프스킬 경험 나누기

✔ 겨울철 생태형 스포츠 활동 수업에 활용

눈이 쌓인 날 생태형 스포츠 협동형 스키 활동 모습

이번 수업에서의 경험은 학생들의 계절 스포츠 활동에도 긍정적인 영향을 줄 수 있습니다. 가족들과 함께 여가활동으로 스키를 체험하였을 때 학교에서 배운 협동형 스키의 기본 기능들이 일부 전이되어 활용될 수 있습니다.

또한 눈이 내렸을 때 운동장 눈밭에서 간단한 경기 활동을 할 수 있습니다. 이를 통해 학생들은 동계 스포츠의 느낌을 간접적으로 체험하게 됩니다.

 **혁준 쌤의 지도 팁!**

✔ 이번 수업은 운동 소모량이 많은 활동입니다. 학생들의 손과 발 근육에 많은 힘이 들어가므로 사전에 준비 운동을 철저하게 하도록 합니다.

✔ 팀원 중 한 명이 넘어졌을 때 동시에 넘어져 다칠 수 있습니다. 경기 중 신체 균형을 잃었을 경우 무리하게 버티지 않고, 스키 플레이트에서 떨어져 바닥면에 발을 디뎌 균형을 찾은 후 다시 활동에 참여하도록 안내합니다.

✔ 라이프스킬 수업 전략

경기 전 라이프스킬 바구니를 칠판에 부착한다면, 경기 중 학생 스스로 발견한 라이프스킬을 학급 학생들과 공유하기 더욱 쉽습니다.
다음 예시를 참고해 라이프스킬 수업 전략을 적용해 봅시다.

예시상황	수업 전략
학생 A가 '의사소통'이란 라이프스킬을 경험하고 발견한 경우	교사는 학생 A가 라이프스킬 바구니에 '의사소통' 카드를 부착하여 학급 학생들과 공유하도록 지도합니다. 공유한 내용을 다음 활동에서 적용할 수 있도록 관련 라이프스킬의 이름을 함께 붙입니다. 추가로 교사는 다음 활동에서 응원 구호가 가장 큰 팀에게 가산점을 주어 성취감을 제공할 수 있습니다.
관련 라이프스킬	의사소통
라이프스킬 명명하기	리듬에 맞춰 약속 신호 주고받기

초등 체육수업 보물찾기

공감과 배려를 위한 시각 장애인 스포츠 '골볼'

장애인과 비장애인이 더불어 살아가기 위해 스포츠 분야에서도 패럴림픽 개최 등 다양한 노력을 하고 있습니다. 이번 장에서 소개할 종목인 '골볼'은 시각 장애인 스포츠로, 청각을 활용한 경기 집중력을 기를 수 있는 스포츠입니다. 골볼은 우리나라에서는 장애인 전국 체전 정식 종목이며, 국제적으로는 올림픽 세계 선수권 대회와 아시안 게임에서 정식 종목으로 운영되고 있습니다.

시각 장애인
스포츠 '골볼'

골볼 경기는 조용한 분위기에서 두 눈을 가린 채 진행되는 경기로, 상당한 정신 집중력이 요구되는 종목입니다. 공격에서는 상대편 골대로 공을 강하게 굴리고, 수비에서는 공에서 울리는 작은 소리를 통해 공의 방향을 예측하여 이를 방어하는 식으로 경기가 이루어집니다.

이번 수업은 골볼의 정확한 경기 규칙을 엄격하게 적용하기보다 시각 장애인들의 어려움을 직접 겪어 보는 것에 목적을 두고 진행합니다. 그 과정에서 신체의 제약에도 불구하고 청각을 활용하여 경기에 우수한 수행 능력을 보여주고 있는 선수들의 노력을 학생들과 함께 느껴보도록 합니다. 학생들은 시각 장애인의 입장을 생각해 보며 장애인을 '존중'하는 태도를 기르고, 자신의 신체에 대한 '자기 인식'을 할 수 있습니다. 이를 통해 일상생활 속에서 모든 일에 최선을 다하는 삶의 자세를 갖출 수 있을 것입니다.

[활동 1] 시각 장애인의 입장에서 생각해 보기

골볼 경기 전 간단한 활동으로 시각 장애인의 입장에서 생각해 보는 활동을 진행합니다. 학생들은 이 과정을 통해 타인에 대한 '신뢰'와 신체를 통한 '의사소통'의 기술을 배울 수 있습니다.

✔ 진행 방법

① 2인 1조로 조를 이루어 한 명은 안대로 눈을 가립니다. 다른 한 명(조정자)은 눈 가린 친구의 양쪽 어깨에 손을 올려놓습니다. ⓐ

② 시작 신호에 맞춰 두 사람은 앞으로 이동합니다. 다른 팀과 부딪히지 않도록 조정자는 좌우 어깨에 자극을 주어 눈 가린 친구의 이동 방향을 신체 신호로 전달합니다.

③ 조정자의 신호에 따라 체육관(운동장)을 자유롭게 이동합니다. 약속된 신호에 따라 이동 방향, 이동 속도, 이동 방법(걷기, 달리기 등)을 조정합니다. ⓑ

④ 교사는 안전을 고려하여 간단한 장애물을 설치하여 학생들이 장애물 극복 미션도 함께 해결할 수 있도록 안내합니다(예: 라바콘 돌아가기).

⑤ 일정한 시간이 지난 후 상호 역할을 교대합니다.

⑥ 활동이 마무리된 후 조정하는 친구에 대한 '신뢰', 신체를 통한 '의사소통'에 대하여 자유롭게 대화를 나눕니다.

ⓐ 2인 1조로 나누기   ⓑ 눈 가리고 친구의 신호에 따라 이동하기

✔ 지도상의 유의점

① 이번 활동에서는 골볼 경기에서 눈을 가린 채 경기를 하는 가운데 팀원에 대한 신뢰와 의사소통의 기술이 필수적으로 요구됩니다. 학생들이 활동에서 단순한 흥미만 추구하지 않고, 교사의 교육 목적을 잘 이해할 수 있도록 활동의 목적을 강조해야 합니다.

② 눈을 가린 채 움직이는 것에 대한 두려움이 있는 학생들이 있습니다. 이럴 경우, 역할을 교대하여 조정자의 역할을 먼저 경험하게 된다면 두려움을 줄일 수 있습니다.

★ 혁준 쌤의 지도 팁!

✔ 활동의 안전이 확보되어야 합니다. 빠르게 이동하면서 충돌이 우려되는 상황에서는 조정자가 약속된 신체 신호 외 언어를 사용하여 동료 학생의 이동을 통제합니다.

✔ 장애물 극복 등 간단한 미션수행 활동에서는 학생들이 실패하였을 때에도 다치지 않는 장애물을 설치합니다.

✔ 라이프스킬 수업 전략

조정자가 눈을 가린 친구에 대한 존중을 갖지 않으면, 반대로 신뢰 또한 얻을 수 없다는 것을 강조합니다. 눈을 가린 친구가 온전히 나에게 의지하고 있다는 정서적 공감을 가질 수 있도록 지도하는 것이 중요합니다. 자신이 먼저 상대를 존중하고 배려하였을 때, 상대에게서 신뢰를 얻을 수 있다는 것을 안내합니다.

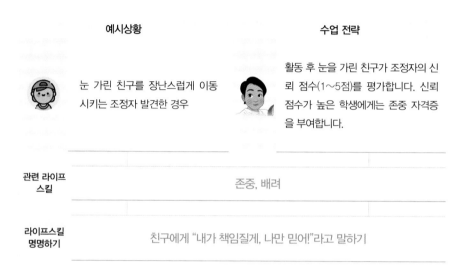

예시상황	수업 전략
눈 가린 친구를 장난스럽게 이동시키는 조정자 발견한 경우	활동 후 눈을 가린 친구가 조정자의 신뢰 점수(1~5점)를 평가합니다. 신뢰 점수가 높은 학생에게는 존중 자격증을 부여합니다.
관련 라이프스킬	존중, 배려
라이프스킬 명명하기	친구에게 "내가 책임질게, 나만 믿어!"라고 말하기

[활동 2] 골볼 경기하기

골볼 경기를 통해 신체장애를 극복하기 위하여 노력하는 장애인 스포츠 선수들의 노력을 이해할 수 있습니다. 규칙 자체는 어렵지 않고 단순합니다. 그러나 이 수업에 참여한 학생들은 눈을 가리고 소리를 내지 않는 특별한 경험 속에서의 스포츠 활동에 적극적으로 참여합니다.

- 5명씩 한 팀을 이루고, 삼각형 모양으로 자리를 배치합니다. 두 팀은 체육관에서 서로 마주 볼 수 있도록 합니다.
- 테이프 뒷면에 두꺼운 실을 붙여놓으면 학생들이 손 감각으로 자신의 공격(또는 수비) 위치를 정확하게 이해할 수 있습니다. 체육관 바닥의 상황에 따라 청테이프 대신 마스킹 테이프를 추천하고, 학생들의 신체 충격을 방지하기 위하여 얇은 매트를 학생 1인당 하나씩 고정하여 설치합니다.

✔ 경기구 안내

골볼공 안에는 방울이 들어 있어 공의 움직임에 따라 소리가 납니다. 농구공보다 조금 더 큰 크기이며, 표면에 있는 8개의 구멍을 통해 소리가 들립니다.

✔ 경기 방법

① 공에서 울리는 방울 소리에 집중해야 하기 때문에, 경기 중 서로 대화를 나눌 수 없습니다.

② 공격팀에서 한 명이 자리에서 일어나 상대 팀을 향해 강하게 공을 굴립니다.

③ 수비팀에서는 방울 소리를 듣고 공의 방향을 예측한 후, 좌우로 얇은 매트 위에 몸을 눕혀 굴러오는 공을 막을 수 있습니다.

④ 공을 막지 못하고 수비수들 사이를 지나 뒤로 흘러가면 공격팀에게 1점이 주어집니다.

⑤ 공이 멈추고 선수들이 찾지 못하면, 심판이 공을 주워 가장 가까운 선수의 앞에 놓은 후 경기를 진행합니다.

공격   수비

✓ 지도상의 유의점

① 상당한 집중력을 요구하는 경기의 특성상, 10명의 선수 외 경기를 참관하고 있는 관중들도 소음을 내어서는 안 됩니다.

② 굴러오는 공의 방향을 잘못 알고 몸을 눕혔을 경우 얼굴에 공을 맞을 수 있습니다. 눈 보호용 고글을 끼는 것을 권장하고, 양 팀 사이의 거리를 멀게 하여 굴러오는 공의 강약도 조절할 수 있습니다.

③ 학생들은 활동을 통해 시각 장애인의 불편함을 직접 몸으로 겪어 보고, 이를 극복하여 선수들이 최선을 다해 경기에 참여하는 자세를 생각해 봅니다. 이를 통해 불가능을 극복한 최선의 의미를 되새길 수 있도록 지도합니다.

★ 혁준 쌤의 지도 팁!

이번 활동에서 안전에 특히 유의해야 할 점을 안내합니다.

✔ 학생들의 무릎 부상 위험이 있을 수 있습니다. 이를 예방하기 위하여 무릎, 팔꿈치 보호대를 착용합니다.

✔ 눈가리개를 통한 개인 감염병 예방을 위하여 1인 1안대를 사용하도록 안내합니다.

✔ 같은 방향으로 몸을 눕히며 점프했을 때 학생들 사이에 충돌이 일어날 수 있습니다. 앞뒤 좌우 간격을 고려하여 매트 배치에 유의합니다.

✔ 라이프스킬 수업 전략

초등학생들의 운동 기능 수준을 고려하였을 때 공을 한 번도 받지 못하는 선수가 있을 수 있습니다. 이런 경우 적용할 수 있는 라이프스킬 수업 전략을 소개합니다.

예시상황		수업 전략	
	경기 중 자신에게 한 번도 공이 오지 않아 중간에 경기에 소극적으로 참여하는 학생 발견한 경우		약하게 굴러오는 공이 올 때 교사가 의도적으로 소외된 학생 방향으로 공을 굴려 주어 공에 대하여 반응할 기회를 줍니다.

관련 라이프스킬	인내, 끈기
라이프스킬 명명하기	자신에게 "언젠가 올거야, 지금 바로 나에게 공이 오고 있어"라고 말하기

13

달리기 지도를 위한 '플라이오메트릭 트레이닝 게임'

더 높이, 더 빨리, 더 멀리! 운동 능력을 향상하기 위한 희망은 모두가 가지고 있습니다. 하지만 과정에서의 어려움이 늘 우리를 주저하게 하고, 흥미마저 없는 체육수업은 학생들의 원성을 자아내기도 하지요. 그럼 재밌는 게임을 통해 운동 능력을 향상한다면 어떨까요? 이번 장에서는 육상 종목과 관련된 도전 활동을 게임에 접목하여 지도해 봅니다.

학생들이 신체 활동의 즐거움을 누리는 동시에 운동 목표를 성취할 수 있는 방법, 함께 알아볼까요?

육상 활동에서의
보강 운동 필요성

체육과 교육과정에서 육상 종목은 3~4학년군에서 기본 움직임 기술(걷기, 달리기, 오래 달리거나 걷기, 왕복 달리기, 방향 전환 달리기 등)을 충분히 연습한 후, 5~6학년군에서 기술의 수월성을 추구하는 기술형 스포츠의 육상 활동(달리기, 멀리뛰기, 높이뛰기 등)을 지도하도록 활동의 위계화가 제시되었습니다. 하지만 이와 함께 육상 종목의 지도는 신체적 기량을 향상하기 위한 보강 운동으로서의 방법적 측면 역시 더 강조될 필요가 있습니다.

그 예로 단거리 달리기 평가를 앞두고 연습하는 학생들은 반복적으로 운동장 트랙을 달리는 연습만 할 때가 많습니다. 교사의 지도 또한 "팔을 강하게 흔들어라.", "다리 보폭을 넓게 가져가라.", "상체를 앞으로 숙여라." 등 기초적인 운동 원리 중심으로 지도하는 것이 사실입니다.

하지만 단거리 달리기 기록을 향상하기 위해서는 하지 근력과 상지 근력을 강화하기 위한 보강 운동이 필수입니다. 이번 장에서는 다음의 보강 운동을 통한 운동 효과를 달성하기 위한 구체적인 수업 지도 방법을 살펴보겠습니다.

보강 운동을 통한 운동 효과

① 발이 땅에 닿을 때 뒷발차기 힘을 향상하기

② 상체의 균형성을 높이는 운동을 통해 상지와 하지 근력의 조화성 향상하기

③ 양팔을 힘차게 흔들면서 상지 근육을 강화하고 보행 빈도와 보폭을 효과적

　 으로 적용하기

이때 유의할 점은 초등학생들은 근력 발달이 완전하지 않다는 점, 초등 체육수업의 목표는 반복된 훈련을 통한 기능 향상이 목적이 아니라는 점입니다. 초등 체육의 목적은 학생들이 반복된 훈련을 통해 운동 기능과 기술의 자동화를 체득하는 것이 아닙니다. 정확한 자세 수행이 다소 부족하더라도 활동 과정에서 '왜', '무엇을'에 해당하는 인지적 측면을 고려할 수 있도록 활동의 목적을 명확하게 안내해 주는 것이 중요합니다. 이를 통해 학생들은 일상생활 속에서도 자기주도적으로 신체 움직임 능력을 갖출 수 있는 역량을 기를 수 있습니다.

플라이오메트릭
트레이닝 동작

　　육상의 달리기 기록 향상을 위한 3가지 운동 목표를 알아보았고, 이를 효과적으로 달성할 수 있는 방법인 플라이오메트릭 트레이닝(Plyometric Training)을 소개합니다. 플라이오메트릭이란 러시아의 운동 발달 전문가 그룹에서 제안한 훈련 방법입니다(Armin et al., 2014). 초등학생 수준에서 활용할 수 있도록 변형하여 총 10개의 동작을 소개합니다. 각 동작은 초등학생 기준에서 총 4개의 난도(★ 0~3개)로 나누어져 있으며, '★'이 많을수록 수행 난도가 높습니다.

✔ 플라이오메트릭 트레이닝

1. 걸으면서 팔 돌리기 ☆☆☆
양쪽 팔을 위로 들어 올리고 가볍게 걸으면서 팔을 둥글게 돌립니다. 관절의 유연성을 향상할 수 있는 운동입니다.

2. 발목 세우며 걷기 ☆☆☆
뒤꿈치를 들고 앞발을 땅에 닿은 채 위로 강하게 올려줍니다. 빠르게 움직이는 대신 정확하게 동작하면 종아리 근육을 강화할 수 있습니다.

3. 홉 점프 ★☆☆
한 발씩 무릎을 올려 점프하면서 앞으로 나아갑니다. 무릎을 허리선까지 올린다는 느낌으로 강하게 올리면서 폴짝 폴짝 뛰어가도록 합니다.

4. 무릎 들기 ★☆☆

한쪽 무릎을 가슴 높이까지 올린다는 느낌으로 높이 들면서 걷습니다. '하나 둘 들고, 하나 둘 들고'의 리듬을 유지하면서 앞으로 천천히 나아갑니다.

5. 밸런스피치 ★★☆

앞으로 나아가면서 한쪽 무릎을 높이 들고 반대쪽 발을 바닥에 가볍게 디디면서 앞으로 나아갑니다. 가벼운 홉 점프와 무릎 들기의 혼합 동작입니다.

6. 롱드라이브 ★★☆

앞으로 걸으면서 한쪽 발을 접은 채 높이 들고 들어 올린 발을 펴서 발끝을 하늘로 쭉 뻗어줍니다. '하나 둘 걷고, 차고 펴는' 동작을 반복합니다. 햄스트링 근육을 강화해 줍니다.

7. 킥업피치 ★★☆

상체를 뒤로 살짝 기울이고 양쪽 발을 조금만 구부린 채 들었다 놓았다 반복하며 앞으로 나아갑니다. 발을 너무 앞으로 뻗지 않아도 됩니다. 바닥을 밀면서 통통 튄다는 느낌으로 뛰어갑니다.

8. 백피치 ★★☆

가볍게 뛰면서 발뒤꿈치로 엉덩이를 친다는 느낌으로 발을 들어 올리며 천천히 달려나갑니다. 햄스트링 근육을 강화해 줍니다.

9. 숏피치 ★★☆

제자리 뛰기를 한다고 생각하며 앞으로 천천히 달려나가는 동작입니다. 운동 기능 수준에 따라 무릎을 높이 들어 올릴수록 운동량이 증가합니다.

초등 체육수업 보물찾기

10. 홉드라이브 ★★★

다리를 벌려 뛰면서 롱드라이브를 혼합합니다. 다리
를 쭉 벌려 뛰며 한쪽 발을 두 번 콩콩 바닥을 찍고,
반대쪽 발을 들어서 쭉 뻗는 동작을 반복합니다.

플라이오메트릭
트레이닝 게임

 앞서 배운 플라이오메트릭 동작을 활용한 게임 활동입니다.
플라이오메트릭 트레이닝 게임은 단순 흥미를 넘어 기본 움직임 기술
중 하나인 정확한 목표 지점에 공을 던지기 기술과 교과 내 융합 활동
으로 구성하였습니다. 게임 구성 방법에 따라 체육관과 교실, 운동장
어느 곳에서든 지도가 가능합니다.

- 게임을 진행할 공간의 규모와 구조에 따라 출발 팀의 위치를 조정하고, 2~6개의 팀으로 구분합니다.
- 팀의 수에 맞춰 출발선에 계란판을 하나씩 배치하고, 각 계란판에는 탁구공을 12개씩 넣어 둡니다.
- 경기장 반대편 공간에는 빈 계란판에서 2m 떨어진 곳에 라바콘을 놓습니다.

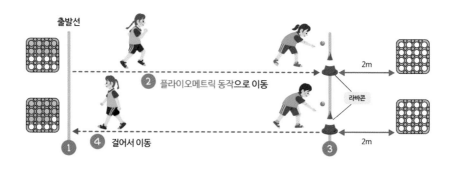

✔ 게임 방법

 ①

학생들은 출발선에서 대기합니다.

교사의 출발 신호에 맞춰 계란판의 탁구공을 하나 집어 들고 앞으로 이동합니다. 출발 신호가 울리기 전에 미리 손에 탁구공을 쥐고 기다리지 않습니다.

②

출발 신호를 듣고 교사가 안내한 플라이오메트릭 동작을 수행하며 앞으로 이동합니다.

활동 공간의 크기에 따라 교사는 10가지 동작 중 적절한 활동을 선택하여 안내합니다.

③

학생들은 경기장 반대편 라바콘까지 이동한 후 손에 쥐고 있었던 탁구공을 계란판으로 던집니다.

교사는 목표 과제인 계란판의 탁구공을 다양한 형태로 제시합니다(예: 3구 한 줄, 정사각형 모양 등). 학생들은 탁구공을 보내고자 하는 목표 지점을 정하고 바닥에 바운드가 되거나 계란판을 향해 곧바로 던져도 됩니다.

탁구공을 던진 결과를 확인하고, 다시 출발선으로 걸어서 이동합니다.

대기 중인 다음 학생에게 손 터치를 하면 다음 순서로 넘어갑니다. 다음 학생은 출발점에 있는 계란판에서 탁구공을 하나 꺼내어 들고 출발합니다.

④

[4-1] 탁구공이 계란판에 들어간 경우: 빈손으로 출발선에 돌아옵니다.
[4-2] 탁구공이 계란판에 들어가지 않은 경우:
　　　계란판에서 벗어난 탁구공을 다시 주워서 출발선에 돌아옵니다.
　　　대기 중인 다음 학생에게 손 터치를 하고 출발점에 있는 계란판에 탁구공을 넣습니다.

✔ 지도상의 유의점

　학생 개개인의 운동 기능 수준에 따라 플라이오메트릭 동작이 어려울 수 있습니다. 한두 번 연습해도 동작이 어려울 경우, 더 쉬운 동작으로 변경하여 포기하지 않고 학생들이 최선을 다해 참여할 수 있도록 지도합니다.

✔ 종아리나 햄스트링 등에 순간적으로 힘이 들어갈 수 있습니다. 활동에 참여 하기 전 근육을 이완시키기 위한 준비 운동을 충분히 합니다.

✔ 좁은 실내 공간에서 수업을 할 때는 과도한 동작을 자제하면서 옆 친구와 부딪히지 않도록 주의합니다.

✔ 라이프스킬 수업 전략

① 정확한 동작의 중요성 강조하기

동작을 정확하게 수행하여야 신체에 무리가 가지 않고 보강 운동으로서 효과가 있습니다. 따라서 학생들에게 이 활동은 이기기 위한 경쟁이 아닌, 기술 향상을 위한 연습의 과정임을 강조합니다. 계란판의 빙고 게임 승리보다 정확한 동작 으로 운동 동작을 수행하는 것이 더 중요하다고 안내합니다. 학생들이 계란판 게임의 승리가 욕심나더라도, 선생님의 안내에 따라 정확한 운동 동작을 지키 기 위해 노력할 수 있도록 규칙을 준수하기 위한 라이프스킬을 안내합니다.

관련 라이프 스킬	규칙준수
라이프스킬 명명하기	빨리 가기보다, 정확하게 동작 연습하기

② 서로의 움직임 기술을 점검하고 협의하기

교사는 10가지 동작을 연습한 후 팀원들이 개별 움직임 기술 수행 능력을 고려하여 1~2개의 동작을 선택하도록 할 수 있습니다. 이때 학생들은 모두 서로 다른 동작을 수행하도록 하면서 학생들이 서로의 움직임 기술을 점검하고 쉬운 동작과 어려운 동작을 협의하여 나누어 수행하도록 합니다. 이때 교사는 협동학습모형 중 STAD(성취과제분담모형)를 통해 학생을 평가할 수 있습니다. 활동을 통해 학생들이 자기 인식과 협동 역량을 함양할 수 있도록 라이프스킬로서 지도합니다.

관련 라이프 스킬	자기인식, 협동
라이프스킬 명명하기	나와 네가 할 수 있는 동작으로 하나의 팀 만들기

14

단거리 달리기
기록 향상 운동

    체육 시간, 달리기 활동을 진행해 보면 발이 빠른 친구들이 있는 반면 노력에도 불구하고 속도를 올리지 못하는 느린 친구들도 많습니다. 그렇기에 더 빨리 달리기 위한 과정은 누군가에게는 인내와 끈기가 요구되는 힘든 시간이 될 수 있습니다. 어떻게 하면 우리 반 모두가 즐거운 마음으로 전력 달리기 기술을 향상시키기 위한 보강 운동에 참여할 수 있을까요?

    단거리 달리기 기록 향상을 위한 운동의 지도 방법, 다양한 게임을 통해 살펴보겠습니다.

초등학교에서의
달리기 수업 지도

초등학교에서의 달리기 수업은 모든 스포츠 종목의 가장 기본이 되는 활동 중 하나입니다. 체육과 교육과정에서는 스포츠 영역의 기술형 스포츠 활동으로 제시되어 있지만, 전 학년에 걸쳐 발달 단계에 따라 지속적인 교육이 강조되는 활동입니다(김방출, 조기희, 2013). 또한, 달리기 수업은 학생들이 성인이 되어서도 일상생활에서 운동을 즐길 수 있는 밑거름이 될 수 있습니다.

하지만 교육 현장에서의 달리기 수업은 단순 흥미 위주의 장애물 이어달리기 또는 기록측정을 위한 달리기 수업으로 변질되는 경우도 있습니다(손혁준, 박용남, 2022). 이는 달리기 수업이 배움의 과정은 생략한 채 평가와 기록의 수단이 되어버린 사례라 볼 수 있습니다. 어떻게 하면 이러한 문제를 해결할 수 있을까요?

초등학교에서의 달리기 수업은 학생들이 육상 수업에 자연스럽게 입문할 수 있도록 징검다리 역할을 할 필요가 있습니다(최의창, 2010; Oakeshott, 1967). 이를 위해 달리기 수업에 간단한 게임을 접목시키는 것도 좋은 지도 전략입니다. 게임을 통해 육상의 기본 활동을 접한다면, 학생들은 걷기, 달리기, 뜀뛰기, 방향 전환 달리기 등과 같은 기본적인 움직임 기술도 자연스럽게 습득할 수 있을 것입니다(Griggs, 2012).

단거리 달리기
기록 측정

체육과 교육과정에서는 학생 스스로 자신의 운동 기능 수준을 이해하고, 지속적인 수련을 통해 기록을 점검하는 과정을 강조합니다. 변화를 점검하기 위해 가장 먼저 필요한 준비는 무엇일까요?
바로 현재의 운동 기능 수준을 점검하는 것입니다.

본격적인 게임 활동에 앞서 학생들의 단거리 달리기 기록을 측정합니다. 운동장 규모를 고려하여 달리기는 50~80m 거리를 기준으로 진행합니다.

단거리 달리기 기록을 측정하는 이유는 학생들이 남들과 비교해 순위를 매기기 위한 것이 아닌, 자기 자신의 기록을 확인하고 단거리 달리기 능력을 높이는 운동에 참여하기 위한 동기를 부여하기 위한 것입니다. 교사는 단거리 달리기 기록을 바탕으로, 지난 수업에서 안내된 플라이오메트릭 운동 등을 안내해 학생들이 일상생활 속에서도 꾸준히 운동하는 습관을 기를 수 있도록 지도합니다.

단거리 달리기의 첫 기록은 이후 기록형 스포츠의 마지막 차시 수업에서 학생들이 자신의 변화를 체감할 수 있는 지표 역할을 합니다.

　　마지막 수업에서 학생들은 다시 한번 더 단거리 달리기 기록을 평가합니다. 달리기 기록 변화를 직접 보게 된다면 어떤 일이 생길까요? 학생들은 큰 성취감과 더불어 목표를 가지면 무엇이든 할 수 있다는 자신감을 얻을 수 있을 것입니다.

　　그럼 마지막 측정에서 학생들이 달리기 기록을 향상할 수 있도록 돕기 위해 교사는 어떤 역할을 해야 할까요? 교사는 학습 과정 중 단계적인 성취가 이루어질 수 있도록, 학생들에게 즉각적이고 충분한 칭찬과 격려를 통해 도전에 대한 지속적인 목표 의식을 부여할 수 있도록 해야 합니다. 학생들의 마음에 변화의 씨앗을 심어주기 위해서입니다.

▲ 단거리 달리기 기록을 측정하는 모습

허들 사다리 게임

이제 단거리 달리기 기록 향상을 위해 본격적으로 게임을 시작하겠습니다. 첫 번째 활동은 허들 사다리 게임입니다. 이 게임은 다리 스텝 운동으로, 순발력과 민첩성, 그리고 인지와 신체의 조화를 통해 밸런스를 향상시키기 위한 보강 운동입니다. 학생들은 발디딤을 빠르게 바꾸어 가며 밟고 나아가는 동작을 반복하면서 스텝의 리듬감을 기억하고, 다리 근육을 강화할 수 있습니다. 총 4단계로 이루어지며 난도가 높아질수록 발을 움직이는 간격이 좁아집니다.

✔ 수업 공간 구성

- 일반적으로 사다리 모양의 용·기구인 스텝레더를 많이 활용하며, 학생들이 다리를 드는 동작에서 발 높이를 의도적으로 올릴 수 있도록 미니 허들을 사다리 경계선에 설치합니다. 바닥에 발을 디딜 때는 발바닥 전체가 아닌 발의 앞부분이 닫도록 합니다.
- 준비물: 팀별 스텝레더 1개, 미니 허들 8개

▲ 미니 허들이 없는 스텝레더

▲ 미니 허들을 설치한 스텝레더

✔ 게임 방법

1단계	한 칸에 한 발씩 디딥니다. 칸을 이동하며 양발을 번갈아 움직입니다.	
2단계	한 칸에 두 발을 디딥니다. 첫 번째 칸에서 발을 디딘 순서를 유지하며 양발을 번갈아 움직입니다.	
3단계	한 칸에 세 번 발을 디딥니다. 만약 첫 칸에서 오른발을 먼저 디뎠다면, 첫 칸은 '오른발–왼발–오른발', 다음 칸은 '왼발–오른발–왼발' 순서로 번갈아 움직입니다.	
4단계	한 칸의 안팎으로 두 발을 번갈아 디딥니다. 처음 두 발은 스텝레더의 안쪽을 밟고, 다음에는 같은 라인의 양쪽 바깥을 디딥니다.	

징검다리 달리기 게임

두 번째 활동은 징검다리 달리기 게임입니다. 징검다리를 건너는 과정에서 학생들은 신체 협응성과 상·하체 균형 감각을 발달시킬 수 있으며, 이를 통해 자연스레 단거리 달리기 기록 역시 향상시킬 수 있습니다.

✔ 수업 공간 구성

· 경기장 규모와 체육 용·기구 수량을 고려하여 팀을 나눕니다.
· 경기장 바닥에는 훌라후프 5개를 일렬로 약 50cm의 간격을 두고 배치합니다.
· 준비물: (액션)훌라후프 5개

✔ 게임 방법

① 출발 지점에 대기한 주자들은 교사의 신호에 맞춰 출발합니다.
② 경기장 바닥에 설치된 훌라후프의 원형 공간 안에 발이 착지하도록 다리를 벌려 강하게 점프하며 달립니다.
③ 지정된 도착 지점에 먼저 도착한 팀이 승리합니다.

▲ 수업 공간 구성   ▲ 징검다리 달리기 게임 진행 모습

★ 혁준 쌤의 지도 팁!

징검다리 달리기 게임 활동에서 훌라후프를 밟아서 발목을 접지를 수 있습니다. 훌라후프 간격을 학년 수준에 맞춰 알맞게 조정하고, 학생들 또한 강하게 달려나가 훌라후프를 밟지 않도록 강조합니다. 얇게 바닥에 접지되는 액션훌라 후프를 사용하면 부상을 예방하는데 도움이 됩니다.

◈ 문자 번호 타깃판 맞히기

학생들의 흥미를 증진시키기 위해 추가로 '문자 번호 타깃판 맞히기' 게임을 진행할 수 있습니다. 이는 이전 교육과정의 표적 도전 활동과 통합한 활동으로, 문자 번호 타깃판에 콩 주머니를 던져서 점수를 매기는 활동입니다.

✔ 수업 공간 구성

· 활동 시작 지점에 콩 주머니 바구니를 놓고, 대략 3m 정도 거리를 둔 상태로 정면에 문자 번호 타깃판을 설치합니다.

· 준비물: 문자 번호 타깃판, 콩 주머니, 점수판, 바구니, 접시콘

문자 번호 타깃판 맞히기 진행 모습

✔ 게임 방법

① 문자 번호 타깃판의 높은 숫자를 목표로 콩 주머니 2개를 차례대로 던집니다.

② 콩 주머니로 맞춘 점수 2개를 합하여 팀 점수에 반영합니다.

③ 문자 번호 타깃판 주변에 떨어진 콩 주머니는 던진 학생이 스스로 회수하여, 바구니에 넣습니다.

④ 앞 주자가 출발 지점으로 돌아오면 이어서 다음 주자가 출발합니다.

⑤ 팀원 전체의 활동이 마무리되면 점수판의 총점을 기준으로 승패를 가립니다.

낙하산 달리기 게임

세 번째 활동은 낙하산 달리기 게임입니다. 이 활동은 학생들이 공기의 저항력을 이겨내면서 더 강하게 달리기 위한 목표 의식을 심어줄 수 있는 활동입니다. 낙하산은 빠르게 달려서 앞으로 나아가야 펴지고, 무릎을 계속 높게 들고 강하게 달려야 처지지 않고 크게 펼쳐질 수 있기 때문이지요. 활동 방법 살펴보겠습니다.

✔ 수업 공간 구성
- 경기장 규모와 체육 용 · 기구 수량을 고려하여 팀을 나눕니다.
- 준비물: 팀별 배낭형 낙하산 1개, 반환점 라바콘

✔ 게임 방법
① 주자들은 낙하산을 가방처럼 등에 메고 출발 지점에서 달리기 준비를 합니다.
② 교사의 출발 신호에 맞춰 빠르게 뛰어나가 반환점의 라바콘을 지나 다시 돌아옵니다.
③ 낙하산의 저항을 이겨내며 지정된 출발 지점으로 들어오기 위하여 노력합니다

▲ 낙하산을 메고 달리는 아이들

★ 혁준 쌤의 지도 팁!

✓ 낙하산 달리기 게임에서 반환점을 돌아오는 학생이 낙하산을 등에 매단 채 대기 중인 학생들의 무리에 들어가지 않도록 합니다. 펼쳐져 있는 낙하산이 대기 학생들에게 위협을 줄 수 있습니다.

✔ 라이프스킬 수업 전략

운동 기록 향상 과정의 중요성 강조하기

 기록형 스포츠 영역에서는 목표한 속도 기록이나 기대하는 동작을 수행하기 위하여 꾸준히 노력하는 과정이 매우 중요합니다. 학생들이 즐거운 마음으로 활동에 참여할 수 있도록 달리기 수업을 게임화하였지만, 이 활동이 단순 놀이 활동에 머무르지 않고 정확한 동작을 수행하기 위한 기술 향상의 밑거름이 되어야 합니다. 학생들이 자신의 기록 향상을 위해 끈기 있게 노력할 수 있도록 과정의 중요성을 강조합니다.

관련 라이프 스킬	인내 / 끈기
라이프스킬 명명하기	더 빨라진 나를 기대하며, 멈추지 않고 노력하기

15

교실 체육과 라이프스킬 '이어달리기 4종 세트'

"선생님 갑자기 비가 와요. 체육수업 못 해요?" 갑작스러운 기상 변화는 체육수업의 큰 어려움으로 작용합니다. 그렇다고 마냥 포기하기에는 학생들의 실망감이 너무나 크지요. 교실에서 체육수업을 할 수 있는 방법은 없을까요? 이번 장에서는 학생들이 교실에서도 안전하게 활동할 수 있는 4가지의 '이어달리기 변형 게임'을 소개합니다. 이 게임은 학생들이 속도 향상을 위해 끈기 있게 노력하도록 만드는 기록형 스포츠 활동이기도 합니다. 교실에서 진행하는 체육수업, 함께 살펴보겠습니다.

교실 체육수업의 필요성

 체육수업이 있는 날은 아침부터 설레고 기대하는 학생들이 많습니다. 하지만 학생들의 바람과 달리 체육수업을 할 수 있는 공간은 제한적이고, 기온과 미세먼지 등 날씨로 인한 제약은 체육수업 운영에 큰 어려움이 됩니다. 특히 대규모 학교의 경우 학년 초 운동장과 체육관 이용 시간을 조정하다 보면 어쩔 수 없이 교실 체육이 1시간 정도 배정될 수 밖에 없습니다(김재운, 2014).

교육부에서는 2009 개정 교육과정 해설에서 처음으로 교실 체육수업에 대한 가이드라인을 제시하였습니다.

첫째, 교실에서의 체육수업도 체육과 교육과정 내에서 교사의 교수·학습계획에 의해 체계적으로 운영되어야 합니다. 둘째, 갑작스러운 기상 변화로 인해 일회성의 놀이 중심 수업으로 대체되지 않도록 유의해야 한다는 것입니다.

물론 교실 체육은 운동장이나 체육관에서의 체육수업에 비해 활발한 신체 활동을 구현하기에는 공간이 제한적입니다. 팀 단위의 신체 활동을 펼치기도 힘들고, 공간적 제약과 안전에 대한 우려 또한 크게 작용합니다(임영택, 이만희, 진성원, 황성우, 2010).

그러나 초등 체육수업의 목표 중 하나인 '전인교육'을 실천할 수 있는 유용한 교육적 소재로 활용하기에는 충분합니다. 교실로의 수업 장소 이동은 그동안 체육수업 지도의 어려움으로 제시된 몇 가지 요인에 대한 해결책을 지니고 있습니다.

● 교실 체육수업의 장점

① 학생 관리의 용이함
② 시청각 자료의 확보
③ 직접체험활동 외 다양한 간접체험활동 실천의 가능성

그럼 이제 교실 체육수업에는 어떤 것들이 있을지 함께 살펴보겠습니다. 이번 수업에서는 '이어달리기 변형 게임 4종 세트'를 소개합니다.

먼저 활동 전 교실 바닥에 마스킹 테이프를 붙이거나 콘을 놓아 원형 경기장의 경계선을 표시합니다. 이어달리기를 변형한 이번 수업은 실내 공간에서 진행하는 것을 고려하여 학생들이 너무 빠른 속도로 달리지 않도록 구성하였습니다.

또한 학생들에게 진행될 게임들이 경쟁이 아닌 이어달리기에서 각 개인들의 맡은 역할을 최선을 다해 수행하는 것이 중요한 활동임을 강조합니다. 팀 경기에서 이기기 위한 활동이 아니라, 개인의 속도 향상을 위하여 끈기 있게 최선을 다하는 도전 정신을 키우기 위한 수업이라는 것을 안내합니다. 팀 경쟁 요소를 반영한 게임이지만, 경쟁 분위기가 과열되지 않기 위해 승리하는 팀의 호명은 생략하는 것이 좋습니다.

목표를 향해 엉금엉금!
거북이 이어달리기

거북이 이어달리기는 학생들이 바닥에 엉덩이를 붙이고 쪼그려 앉은 채 양발을 앞뒤로 움직이며 이동하는 활동입니다. 교실 내 원형 경기장을 한 바퀴 도는 동안 심폐지구력을 기를 수 있으며, 하체와 허리의 근지구력 강화에도 도움이 됩니다.

▲ 거북이 이어달리기를 하는 학생들

✔ 게임 방법

① 학급 인원을 2개 조로 편성합니다.

② 출발선에서 2명의 학생들이 엉덩이를 붙이고 쪼그려 앉은 채, 배턴을 쥐고 양손은 바닥에만 닿지 않고 자유롭게 움직이도록 합니다.

③ 나머지 학생들은 원형 경기장 안에서 순서를 맞춰 4줄로 앉아 대기합니다.

④ 출발 신호를 듣고 1번 주자가 출발합니다. 엉덩이를 붙이고 쪼그

려 앉은 자세에서 양발을 앞으로 밀고, 엉덩이를 앞으로 당기면
서 이동합니다.

⑤ 원형 경기장을 한 바퀴 돈 후, 다음 주자에게 배턴을 전달합니다.

⑥ 마지막 주자가 먼저 들어오는 팀이 승리합니다.

✔ 지도상의 유의점

① 거북이 이어달리기 게임은 배턴을 효과적으로 주고받는 방법을
지도하기에 용이합니다. 학생들이 배턴을 쥔 손과 배턴을 받는
손을 길게 뻗을 수 있도록 합니다. 또한 체력적으로 힘들어도 배
턴을 던지지 않도록 안내합니다.

② 활동이 시작되면 앉아 있는 학생들이 이동 중인 학생들을 원형
경기장을 따라 함께 이동하며 큰 소리로 응원합니다. 실내 공간
에서 학생들이 질서를 지키며 참여할 수 있도록 지도해야 합니다.

★ 혁준 쌤의 지도 팁!

✔ 하체와 허리에 순간적으로 강한 힘이 들어가는 활동입니다. 충분한 준비 운
동이 필요합니다.

✔ 수업 전 학생들의 몸 컨디션을 반드시 확인해야 합니다. 엉덩이를 바닥에
붙이고 끌고 가는 활동이기 때문에, 생리 중인 여학생이 있다면 활동에 어
려움이 많습니다.

종이 타고 씽씽!
종이 접시 스케이팅 이어달리기

종이 접시 스케이팅 이어달리기는 양발에 종이 접시 하나씩을 밟고 스피드스케이팅을 하듯이 한 발씩 앞으로 내밀며 이동하는 활동입니다. 발가락과 발바닥 앞면의 힘을 주어 종이 접시를 강하게 누르면서 다리를 길게 뻗어 나가면 더 빠르게 나아갈 수 있습니다.

▲ 종이 접시 스케이팅 이어달리기를 하는 학생들

✔ 게임 방법

① 학급 인원을 2개 조로 편성합니다.

② 출발선에서 2명의 학생들이 배턴을 쥐고, 양발에 종이 접시를 하나씩 밟고 대기합니다.

③ 나머지 학생들은 원형 경기장 안에서 순서를 맞춰 4줄로 앉아 대기합니다.

④ 출발 신호에 맞춰 양발로 바닥의 종이 접시를 밀며 앞으로 나아갑니다.

⑤ 원형 경기장을 한 바퀴 돈 후 다음 주자에게 배턴을 전달합니다.

⑥ 마지막 주자가 먼저 들어오는 팀이 승리합니다.

✔ 지도상의 유의점

① 종이 접시가 발에서 반복적으로 빠지면서 빠르게 이동하지 못하는 학생이 생깁니다. 학생들이 경쟁에 너무 몰두한 나머지 친구를 비난하지 않도록 지도합니다.

② 앞서 있는 친구를 추월하기 위하여 경기장 라인 안으로 들어오는 학생이 있습니다. 학생들이 경기 규칙을 정확하게 지킬 수 있도록 안내합니다.

③ 다음 주자에게 종이 접시를 넘겨줄 때 발로 걷어차지 않고, 종이 접시에서 발만 떼어낼 수 있도록 지도합니다.

④ 학생의 요청에 따라 양말을 벗고 활동해도 됩니다.

밸런스를 잡아라!
숟가락으로 탁구공 이어달리기

숟가락으로 탁구공을 옮기며 이어달리기는 신체 균형 감각과 협응력을 향상시키기 위한 활동입니다. 탁구공을 떨어뜨리지 않는 것에만 집중하면 빠르게 이동할 수 없으며, 반대로 속도를 내면 탁구공을 쉽게 떨어뜨릴 수 있습니다. 속도와 안정의 균형을 찾으며 진행할 수 있도록 안내합니다.

▲ 숟가락으로 탁구공을 옮기는 학생

▲ 컵 안에 넣은 탁구공

✔ 게임 방법

학생들의 수준에 따라 2개의 단계로 나누어 지도할 수 있습니다.

1단계	① 학급 인원을 4개 조로 편성합니다. ② 한 손에 숟가락 하나씩을 잡고 탁구공을 하나씩 숟가락으로 들어 올린 후 경기장을 한 바퀴 돕니다. ③ 다음 주자에게 전달할 때는 숟가락과 탁구공을 직접 전달하지 않고, 컵 안에 넣습니다. 다음 주자가 다시 숟가락으로 공을 들어 올리도록 합니다. ④ 마지막 주자가 먼저 들어오는 팀이 승리합니다.
2단계	① 학급 인원을 4개 조로 편성합니다. ② 양손에 숟가락 하나씩을 잡고 탁구공을 양손의 숟가락으로 들어 올린 후 경기장을 한 바퀴 돕니다. ③ 다음 주자에게 전달할 때는 숟가락과 탁구공을 직접 전달하지 않고, 컵 안에 넣습니다. 다음 주자가 다시 숟가락으로 공을 들어 올리도록 합니다. ④ 마지막 주자가 먼저 들어오는 팀이 승리합니다.

※ 탁구공을 넣는 곳은 스피드스택스 컵 또는 계란판을 활용할 수 있습니다.

① 탁구공을 떨어뜨렸을 때는 손 또는 숟가락을 이용하여 탁구공을 다시 들어 올리도록 지도합니다. 숟가락을 활용하여 주울 때는 시간이 많이 지체될 수 있기 때문에 손으로 직접 탁구공을 숟가락 위에 올리고, 다음 주자에게 전달한 후 다른 벌칙을 주는 것이 좋습니다. (예) 탁구공을 떨어뜨리면 도착한 뒤 팔 벌려 뛰기 10번 하기

② 앞선 주자를 추월할 때 몸이 부딪혀 탁구공이 떨어지지 않도록 강조합니다. 몸을 부딪치면 친구들과 갈등이 생길 수 있습니다.

③ 탁구공을 전달할 때의 경기 규칙을 잘 지킬 수 있도록 안내합니다.

이리 튀고! 저리 튀고! 공을 굴리며 이어달리기

체육교과 내 영역 통합 활동으로 영역형 스포츠 중 하나인 하키(플로어볼) 용 · 기구를 활용하여 이어달리기를 합니다.

학생들은 하키 스틱으로 공을 굴리며 다음 주자에게 공을 전달합니다. 교실의 부드러운 마룻바닥 위에서 플라스틱 하키공은 빠르게 굴러갈 수 있습니다. 교실에서 학생들의 이동 속도를 제어하기 위하여 초등학생용 소형 럭비공으로 수업을 운영합니다.

▲ 하키 스틱으로 공을 굴리는 학생들

✔ 게임 방법

① 학급 인원을 2개 조로 편성합니다.

② 양 팀의 1번 주자가 하키 스틱을 하나씩 들고 각자의 럭비공을
출발 신호가 울리면 굴리면서 이동합니다.

③ 원형 트랙을 한 바퀴 돌고 나서 스틱과 럭비공을 다음 주자에게
넘겨줍니다.

④ 마지막 주자가 먼저 들어오는 팀이 승리합니다.

✔ 지도상의 유의점

① 하키 스틱을 잡을 때에는 양손 간격을 30cm 정도 벌려서 잡도록
합니다. 하키 스틱을 좁게 잡을 경우, 공을 굴리면서 스틱의 헤
드 부분이 높게 올라올 수 있습니다.

② 고무 재질로 만들어진 럭비공은 강하게 쳤을 때 이동 방향을 예
측할 수 없기 때문에 경기장 트랙을 따라 느린 속도로 공을 조심
스럽게 다루도록 합니다.

★ 혁준 쌤의 지도 팁!

✔ 하키 스틱의 헤드가 무릎 높이까지 올라오면 앉아 있는 학생들의 얼굴을 위협할 수 있습니다. 대기하는 학생들이 원형 트랙의 안쪽으로 몰려 앉도록 합니다. 달리는 주자가 가까이 오면 등을 돌려 안면부를 보호하도록 합니다.

✔ 부상을 예방하기 위해 럭비공을 강하게 쳐서 높이 튀어 오르지 않도록 지도합니다.

✔ 라이프스킬 수업 전략

교실에서의 이어달리기 수업 시 활용할 수 있는 라이프스킬 전략을 소개합니다.

운동 기록 향상 과정의 중요성 강조하기

자신의 마음대로 움직이지 않는 종이 접시와 럭비공으로 인해, 그리고 체력적으로 힘든 거북이 이어달리기를 하면서 활동 중에 포기하거나, 소극적으로 참여하는 학생들이 종종 나타납니다. 이어달리기 활동에서는 팀을 위해 개인에게 주어진 책임감이 있다는 것을 강조합니다. 추상적인 책임감을 요구하기보다, 이를 실천할 수 있는 구체적인 방법을 아래와 같이 라이프스킬로 알려주고 다양한 라이프스킬 실천 동기 강화 전략을 활용하도록 합니다.

관련 라이프 스킬	책임감	인내 / 끈기
라이프스킬 명명하기	우리 팀을 위해 내가 할 수 있는 역할 다하기	생각처럼 되지 않아도 "괜찮아.", 끝까지 최선을 다하기

16

매트 운동과
라이프스킬
'앞 구르기'

선생님들은 동작형 스포츠를 좋아하시나요? 초등 체육 교육과정에서는 체조와 태권도 품새 동작을 동작형 스포츠 활동으로 안내하고 있습니다. 어릴 때는 친구들과 철봉을 하거나, 평균대에 올라가서 놀던 기억이 많은데, 성인이 된 이후에는 동작 하나하나가 쉽지 않습니다. 하지만 내가 동작을 못 한다고, 학생들을 가르치지 못하는 것은 아닙니다. 우리도 함께 도전하는 마음으로, 동작형 스포츠에서의 체조 수업 지도 방법에 대하여 알아보겠습니다.

체육 교육에서 체조는 역사가 오래된 종목입니다. 1895년 고종이 교육입국조서를 반포하면서 체조는 우리나라의 교육과정에 도입되었습니다. 물론 이 시기의 체조는 군대식 체조를 그대로 가져와 가르치는 것으로, 현재 학교 체육 교육에서의 체조와는 차이가 있습니다. 그럼에도 동서양을 막론하고 체조는 체육 교육과정에서 가장 오래된 종목 중에 하나로, 현대 체육 교육의 시초는 체조 운동이라고 해도 과언이 아닙니다.

✔ 초등학교에서 체조 수업 구현의 어려움

초등학생들에게 체조 수업은 단순한 신체 움직임 활동을 넘어 다양한 교육적 가치를 내포하고 있습니다. 그러나 초등학교 현장 교사들에게 체조 수업은 '운동 기능 부족, 수업 환경 구성의 어려움, 심리적 부담과 무력감' 등의 이유로 가장 기피하는 활동 중 하나입니다. 체조 수업이 초등학생들에게 교육적 가치가 있는데도 이처럼 초등학교에서 제대로 구현되지 못하는 것은 매우 안타까운 현실입니다.

초등학생들에게 체조 활동은 쉽지 않습니다. 특히 3~4학년의 중학년 학생들은 다른 연령대에 비해 머리가 크고 팔다리가 짧아 균형 잡기와 점프 동작에 어려움을 보일 수 있습니다(Thomas, K. & Thomas, J, 2008).

또한 체조 활동처럼 개인이 전체로부터 주목받으며 하는 1인 활동은 동작이 잘 안 될 때나 실수할 때 더욱 눈에 띄는 편입니다.

다른 학생들과 비교되기 쉽기 때문에 운동 기능 수준이 낮은 학생에게 심리적으로 큰 부담을 줄 수 있습니다. 이를 고려하여 교사들은 '자신감'을 키울 수 있는 라이프스킬을 강조하여야 합니다. 더불어 다양한 기술 수행 상황의 연습과 지속적인 수련을 통해 학생 스스로 향상된 자신의 모습을 체험할 수 있는 기회를 제공하는 것이 중요합니다.

무엇보다 학생들을 가르치기에 앞서 교사 스스로 기술형 스포츠 영역의 가치를 인식하여 학생들의 움직임이 발전할 수 있도록 적극적으로 지도할 수 있어야 합니다. 이를 고려하여 이번 수업에서는 라이프스킬 바구니에서 '자신감'을 가장 중요한 실천 목표로 제시하였으며, 기술 수행을 연습하는 가운데 '최선(인내와 끈기)'을 다하는 모습을 보여줄 수 있도록 구성하였습니다.

매트 운동
'앞 구르기'

 '앞 구르기' 활동은 한 발 들어 다리 힘 기르기, 다리 모아 앞뒤로 흔들기, 매트 위 앞 구르기의 총 3단계로 구성하였습니다.

인원이 24명인 경우, 6명씩 모둠으로 나누어 진행할 수 있으며, 총 4개의 조가 동시에 연습할 수 있습니다. 이때 모둠마다 용·기구 1세트(원마커 2개, 얇은 매트 1개, 체조 매트 1개)를 사용합니다.

대기하는 학생들 또한 기초 운동 및 보강 운동의 개념으로, 1, 2단계 활동을 연습하도록 안내합니다.

✔ 앞 구르기 3단계

1단계 **한 발 들어** **다리 힘** **기르기**	 ▲ 오른발, 왼발 번갈아 한쪽 발을 들어 올려 버티기	 ▲ 양팔을 귀 옆에 댄 상태에서 양손을 바닥에 짚고, 앞발로 바닥을 밀어 올리기
2단계 **다리 모아** **앞뒤로** **흔들기**	 ▲ 다리를 붙인 채 무릎 바깥쪽을 잡고, 등을 말아 앞뒤로 10번 흔들기	

3단계
매트
위
구르기

난도1 쭈그리고 앉아 앞 구르기

| 매트 앞에 앉아 양손을 바닥 위에 살짝 띄우기 | 손을 땅에 짚고, 고개를 양손 사이에 넣어 턱 당기기 | '뒷머리 → 등 → 허리 → 엉덩이 → 발' 순서로 매트에 닿게 하기 | 양팔 벌려 서기 |

난도2 제자리에 서서 강하게 발을 차며 앞 구르기

| 매트 앞에 서서 무게 중심을 앞으로 옮기기 | 양손을 바닥에 짚기 | 다리를 차는 느낌으로 강하게 넘기기 | 윗몸을 최대한 다리와 가깝게 하기 | 양팔 벌려 서기 |

난도3 제자리에 서서 다리 벌려 앞 구르기

| 매트 앞에 서서 양팔을 앞으로 내밀기 | 무게 중심을 앞으로 옮기고, 양손을 바닥에 짚기 | 등이 매트에 닿은 후, 다리를 벌려서 강하게 넘기기 | 양손을 땅에 짚고 천천히 다리에 힘을 주고 일어서기 |

① 자신의 순서를 기다리며 '한 발 들어 다리 힘 기르기', '다리 모아 앞뒤로 흔들기'를 연습하는 학생들은 앞 구르기 하는 학생의 속도에 맞춰서 횟수와 시간을 스스로 조절합니다.

② 앞 구르기는 학생의 운동 기능 수준에 따라 난도를 선택하도록 합니다. 우선 학생이 난도 1을 완전하게 습득하도록 안내하고, 이후 난도 2, 3을 진행할 수 있게 합니다.

③ 앞 구르기를 교사가 보조할 경우, 신체의 민감한 부위에 팔이 닿을 수 있다는 것을 학생에게 미리 안내합니다. 이때 손이 아닌 팔이 닿도록 하고, 학생의 동의 혹은 거부 의사를 존중하여 적절하게 지도합니다. 교사의 손목까지 덮을 수 있는 두꺼운 팔 토시를 착용하면 시각적으로 신체가 직접적으로 닿는 것에 대한 거부감을 해소할 수 있습니다.

✔ 앞 구르기 시 교사의 활동 보조 방법

▲ 한 손으로 뒷머리를 누른다.   ▲ 다른 한 손은 주먹을 쥐고
손이 아닌 팔로 강하게 엉덩이를 들어서 밀어준다.

★ 🧑 **혁준 쌤의 지도 팁!**

✔ 매트 운동을 하기 전에 목과 어깨, 팔의 근육을 풀어주면 다치는 것을 예방할 수 있습니다.

✔ 자신의 운동 수준이 낮은데도 이를 고려하지 않고, 매트 위에서 강하게 구르려고만 하는 학생들이 있습니다. 이런 학생들에게는 부상을 예방할 수 있도록 난도1에서부터 차근차근 연습하도록 강조합니다.

✔ 매트 주변에 다른 학생이 있을 경우, 앞 구르기를 하다가 강하게 찬 다리에 부딪힐 수 있습니다. 학생들 사이에 적정 거리를 두고, 학생들에게 정확한 이동 경로를 안내합니다.

✔ 라이프스킬 수업 전략

수업 과정에서 자신 있게 활동하지 못하고 주변의 눈치를 보는 학생이 있을 때, 활용할 수 있는 라이프스킬 전략을 소개합니다.

전략

학생들이 실수를 두려워하지 않고 자신의 기술 수행에 자신감을 가지고 연습하는 과정이 중요합니다. 학생들이 마지막까지 정확하게 동작을 연습하도록 강조합니다.

교사는 활동 시작 전 학생들에게 라이프스킬의 중요성을 강조하고 실천하도록 안내합니다. 수업 마무리 정리에 앞서, 라이프스킬을 실천하기 위하여 노력했는지 점검하는 시간을 가지면, 학생들 또한 활동 중에 의식적으로 라이프스킬을 지키기 위하여 노력하는 모습을 보일 것입니다. 학생들이 이번 수업의 목적을 정확하게 인지할 수 있도록 수업의 마무리 발문은 아래와 같이 하기를 권장합니다.

"오늘 수업에서 실수를 하더라도 끝까지, 정확하게 기술을 수행하기 위하여 노력한 학생은 앞 구르기 수업을 통해 자신감을 키우는 연습도 함께 할 수 있었습니다. 체육수업에서 나아가 일상생활에서도 여러분이 모든 일에 실수를 겁내지 않고 끝까지 도전하길 응원합니다."

관련 라이프 스킬	자신감
라이프스킬 명명하기	실수를 하더라도 끝까지, 정확하게 도전하기

플립 러닝 수업을 통한 매트 운동 '뒤 구르기'

　　선생님은 '플립 러닝(Flipped Learning)' 수업을 해본 적 있으신가요? '거꾸로 수업'으로 불리는 플립 러닝은 수업을 효율적으로 이끌면서 학습자의 자기 주도성을 함양하는 학습 방법 중 하나입니다. 이번 장에서는 사전 학습에서 본시 학습까지 디지털 기기를 효과적으로 활용하는 플립 러닝 체조 수업에 대해 알아보겠습니다.

체조 수업의 새로운 전략, '플립 러닝'

체조 수업은 학생들의 움직임 욕구를 실현하고, 다양한 신체 활동 수행에 필요한 기초 운동 능력과 체력을 기른다는 점에서 중요한 의미가 있는 활동입니다. 그렇기에 교육과정에서는 학생의 신체적 수준에 대한 자기 인식을 바탕으로 움직임 기술의 효과적 수행 방법을 학습하도록 강조하고 있습니다(교육부, 2022). 하지만 초등 체육에서의 체조 수업은 아래의 이유로 교사와 학생 모두가 부담을 갖는 활동 중 하나이기도 합니다.

● 체조 수업이 지닌 부담감

① 학생들의 성별, 신체 발달 수준의 차이가 체조 활동에 대한 동기 부여에서부터 커다란 차이로 이어질 수 있음(이동우, 이병곤, 2009).

② 학급의 친구들이 보는 곳에서 학생 자신의 부족한 운동 수행 과정이 그대로 노출됨.

③ 다인수 학급에서 교사의 제한된 피드백으로 정확한 운동 수행의 방법을 점검하지 못할 경우 안전사고로 이어질 수 있음.

이러한 부담감을 극복하기 위해 '플립 러닝(Flipped Learning)'의 아이디어를 체조 수업에 적용해 보고자 합니다. '거꾸로 수업' 또는 '거꾸로 학습'으로 불리는 '플립 러닝'은 학생 스스로 자신의 학습 속도를 조절할 수 있도록 가정에서 먼저 기초 지식과 기본 기술을 체험적으로 습득하게 하는 학습 방법입니다(Bergmann, & Sams, 2014). 이러한 전략을 체육교과에 적용하면 학교 수업에서는 개개인의 운동 수행 시간을 확보할 수 있으며, 학생들은 교사의 개별적 지원을 통해 효과적인 움직임 기술을 학습할 수 있다는 장점이 있습니다.

매트 운동 '뒤 구르기'

플립 러닝을 활용해 배워볼 동작은 '뒤 구르기'입니다. 플립 러닝을 체육교과에 효과적으로 적용하기 위해서는 수업에 앞서 교사와 학생 각자에게 주어진 역할이 있습니다.

● 플립 러닝 체육수업에서의 수행 역할(Eppard, & Rochdi, 2017)

· 교사: 테크놀로지를 활용하여 체육관, 운동장 등 집중된 환경에서 학습해야 하는 정확한 운동 수행 동작 안내

· 학생: 교사가 제공한 자료를 참고하여 개인적인 공간(가정)에서 수행 가능한
  기초 동작을 연습

교사는 체육관에서 체조 수업을 하기 전 가정에서 학습과제 수행의
기초 활동을 제공합니다. 이때 시범 동작 영상을 제공하면 학생들이
미리 동작을 연습할 때 큰 도움이 됩니다.

본시 수업에서 학생들은 정확한 운동 동작이 기억나지 않을 경우,
교사가 준비한 노트북으로 선생님의 시범 동작을 확인하고 연습을 통
해 자신의 신체 능력과 속도에 맞게 동작을 익힐 수 있습니다.

✔ 활동구성

· 총 4단계로 구성하였으며, 1~2단계 활동 동작은 뒤 구르기를 위
  한 기초 운동으로서 플립 러닝을 통해 가정에서 먼저 연습하도록
  합니다.
· 체육관에서 수업을 할 때는 대기 인원들의 실제 학습 시간을 확
  보하기 위한 준비 활동으로 수행할 수 있습니다.

▲ 용 · 기구가 설치된 수업 환경

- 24명의 학급에서 6명씩 4개의 모둠으로 나누어 진행하며, 모둠마다 용·기구를 세트별(얇은 매트 2개, 경사진 체조 매트 1개(뜀틀 발구름판 1개), 체조 매트 1개)로 준비합니다.
- 각 활동마다 학생들이 스스로 정확한 운동 동작을 확인할 수 있도록 교사가 사전에 촬영한 영상을 탑재한 노트북을 배치합니다.
- (4단계 활동에서는) 딜레이 카메라* 애플리케이션(Delay Camera Application)에 접속한 태블릿 PC를 준비합니다.

★  혁준 쌤의 지도 팁!

집에서는 주변에 다칠 만한 물건을 치운 뒤 두꺼운 이불을 깔고 안전한 환경에서 연습합니다.

✔ 체조 수업에서는 교사가 전체 학생들의 활동 모습을 지켜보면서 정확하고 안전한 운동 동작의 개별적 피드백을 많이 하도록 합니다. 학생들이 자기주도적으로 활동 과제를 인식하고 운동 수행 동작의 자기 평가까지 할 수 있도록 디지털 기기를 적재적소에 활용합니다.

✔ 뒤 구르기 동작을 수행할 때는 목이 꺾이거나 다치지 않도록 고개(턱)를 당기고 진행합니다.

---

* 딜레이 카메라: 운동 동작을 카메라로 촬영하지만, 촬영된 영상은 화면에 설정된 시간만큼 지연되어 보입니다. 학생들은 활동 후 태블릿 PC 화면을 보면 이전 자신의 운동 동작을 보면서 자기 평가를 할 수 있습니다. 지연 시간은 15초로 설정합니다.

○ 1단계 다리 모아 앞뒤로 흔들기

- 준비물: 용 · 기구 1세트(얇은 매트 1개), 노트북 1개+책상

플립 러닝의 사전 영상에서 학습한 내용을 떠올리며 다리 모아 앞뒤로 흔들기를 연습합니다. 학생들은 같은 조 다른 활동에 참여하는 학생들의 진행 속도를 관찰하면서, 활동 개수를 스스로 조정할 수 있습니다.

| 양손으로 두 다리를 잡고, 고개는 무릎 쪽으로 당겨 줍니다. | 무게 중심을 뒤로 주고, 뒷머리가 닿을 때까지 넘어갑니다. | 반동을 이용하여 다시 앞으로 몸을 당겨 줍니다. | 앞의 자세를 유지하며 앞뒤로 몸을 흔들며 움직입니다. |

○ 2단계 양손을 귀 옆에 붙이고 뒤로 넘어가기

- 준비물: 용 · 기구 1세트(얇은 매트 1개), 노트북 1개+책상

이번 동작은 강하게 발차기와 손바닥을 바닥에 짚기 위한 연습입니다. 1단계 활동보다 발을 더 강하게 차 손바닥이 바닥에 닿도록 합니다.

| 양손의 손바닥이 뒤를 바라보도록 돌리고, 손을 양쪽 귀 옆에 붙이거나 살짝 띄웁니다. | 손바닥이 가볍게 바닥에 닿게 합니다. | 발을 강하게 차 뒤로 넘어가도록 합니다. | 두 손바닥과 뒷머리가 바닥에 닿으면 다시 무게 중심을 엉덩이 쪽으로 옮기면서 되돌아옵니다. |

○ 3단계 경사진 매트에서 뒤 구르기

- 준비물: 용 · 기구 1세트(뜀틀 발 구름판+체조 매트 1개), 노트북 1개+책상

'뒤 구르기'는 '앞 구르기'의 원리와 동일하면서 방향만 반대로 이루어지지만, 학생들의 심리적 불안은 훨씬 큽니다. 동작 수행에 대한 두려움은 강한 발차기를 주저하게 되고, 학생들은 뒤로 굴러갈 수 있는 반동을 충분히 확보하지 못하게 됩니다.

이를 극복하기 위하여 경사진 매트에서의 뒤 구르기를 연습합니다. 경사가 진 매트에서는 약한 발차기에서도 위치 에너지를 통해 보다 쉽게 뒤 구르기를 할 수 있습니다. 학생들의 성공 경험은 평면에서의 뒤 구르기 활동에 대한 자신감을 심어줄 수 있습니다.

| 양손을 귀 옆에 붙이고 발 구름판에 쪼그려 앉습니다. | 발에 강한 힘을 주지 말고 천천히 뒤로 넘어갑니다. | 손바닥과 뒷머리가 매트에 닿은 후 바닥에 발이 닿게 합니다. | 일어나 양팔을 벌리고 마무리 동작을 합니다. |

 ★ 혁준 쌤의 지도 팁!

경사가 너무 급하면 빠른 속도로 뒤 구르기가 되면서 두려움이 더 커질 수 있습니다. 이 경우 학습 효과를 오히려 반감하는 상황이 발생하므로 교사가 사전에 직접 뒤 구르기를 해보고 매트의 경사각을 점검합니다.

○ 4단계 매트에서 뒤 구르기

• 준비물: 용·기구 1세트(체조 매트 1개), 노트북 1개+책상, 태블릿 PC 거치대 1개+태블릿 PC 1개(딜레이 카메라 애플리케이션 설치)

드디어 경사면의 도움이 없이 온전히 나만의 힘으로 '뒤 구르기'를 수행할 시간입니다. 뒤 구르기 동작은 매트를 등지고 앉아 '엉덩이 → 등 → 뒷머리 → 손 → 착지' 순서로 이루어집니다. 동작을 효과적으로 수행하기 위해서는 양손을 양쪽 귀 옆에 위치시킨 후, 발을 강하게 차고 몸을 동글게 하면서 팔로 강하게 밀어주는 동작이 중요합니다.

학생들은 뒤 구르기 동작을 한 후, 교사가 설치한 태블릿 PC를 통해 자신의 운동 동작을 점검하고 수행 점검표(자기 평가지)에 잘된 점 또는 보완이 필요한 점에 대하여 기록합니다. 활동 중 정확한 동작 학습이 필요한 경우 매트 옆에 설치되어 있는 노트북으로 교사의 시범 동작을 확인할 수 있습니다.

양손을 귀 옆에 붙이고 쪼그려 앉습니다. / 양발에 힘을 주어 강하게 밀면서 뒤로 넘어갑니다. / 손바닥과 뒷머리가 매트에 닿은 후 바닥에 발이 닿게 합니다. / 일어나 양팔을 벌리고 마무리 동작을 합니다.

★ 🧑 **혁준 쌤의 지도 팁!**

✔ 학생들이 동작에 대한 두려움으로 팔이 바닥에 닿았을 때 펴지 못하고 그대로 굽힌 상태로 구르는 경우가 있습니다. 목이 뒤틀리면서 매트를 벗어나거나 손목에 통증이 오는 상황을 예방할 수 있도록 학생들이 자신 있게 팔로 바닥면을 밀어줄 것을 안내합니다.

✔ 뒤 구르기에서 발차기를 어려워하는 학생을 위한 지도 방법

① 교사가 구르기 동작 보조하기
 · 학생의 신체에 선생님의 팔이 닿는다고 안내하고 동의를 구합니다.
 · 한 손은 뒷머리, 한 팔은 무릎 뒤쪽에 대고 학생이 뒤 구르기를 할 때 강하게 돌려줍니다.
② 공을 발로 잡아 뒤로 보내기
 · 쭈그리고 앉은 상태에서 양발로 소프트공을 잡도록 합니다.
 · 뒤로 넘어가면서 양손과 뒷머리가 매트에 닿을 때, 두 발 사이에 있는 공을 강하게 발로 던지게 합니다.

○ 심화 다리펴 뒤 구르기

동작 수행 수준에 따라 '뒤 구르기'를 어렵지 않게 수행하는 학생들이 있습니다. 이들에게 새로운 난도의 심화 활동을 소개해 새로운 동기를 부여함으로써 수업 집중도를 유지하고, 불필요한 행동으로 인한

안전사고를 예방합니다. '다리 펴 뒤 구르기'는 매트 위에 양손을 자연스럽게 내리고, 다리를 편 뒤 구르기를 하는 것입니다. 뒤 구르기 기본 동작 4단계를 완전하게 이수한 학생들만 높은 난도의 활동에 도전할 수 있도록 안내합니다.

| 양손을 자연스럽게 내린 채, 상체는 숙이고 다리는 편 상태로 넘어갑니다. | 엉덩이가 먼저 바닥에 닿으며, 양손이 매트에 닿을 때 상체를 뒤로 넘깁니다. | 상체를 뒤로 넘기면서 양발을 강하게 뒤로 차올립니다. | 손바닥과 뒷머리가 매트에 닿은 후, 일어나 양팔을 벌리고 마무리 동작을 합니다. |

✔ 라이프스킬 수업 전략

수업 과정에서 자신 있게 활동하지 못하고 주변의 눈치를 보는 학생이 있을 때, 활용할 수 있는 라이프스킬 전략을 소개합니다.

① 스스로 동작 확인하기

학생들이 자신의 운동 동작을 태블릿 PC로 직접 확인하고, 정확하게 평가하도록 합니다. 부족한 점을 스스로 찾아 보완함으로써 다음 기술 시도에서 학생들의 더욱 발전된 모습을 볼 수 있습니다.

수행 점검표(자기 평가지)를 작성할 때에는 동작 수행 시 예상되는 어려움을 고려하여 예시로 제시합니다.

학생들은 수행 점검표를 자기 평가에 활용함으로써 스스로 동작의 수월성을 위해 노력합니다.

관련 라이프 스킬	자기인식
라이프스킬 명명하기	내 눈에 이상한 동작, 멋지게 고쳐 도전하기

	항목	매우 잘함	잘함	보통
1	뒤 구르기 동작에서 강하게 뒤로 발을 밀어주었습니까?			
2	뒤 구르기를 할 때 양손과 뒷머리가 매트에 닿았습니까?			
3	뒤 구르기 후 양팔을 벌리는 마무리 동작을 정확하게 하였습니까?			
4	뒤 구르기를 할 때 몸의 방향이 매트 옆으로 벗어나지 않았습니까?			
5	뒤 구르기를 할 때 몸이 포개어져 주저앉지 않았습니까?			

② 라이프스킬 쿠폰 스티커

뒤로 구른다는 것은 학생들에게 커다란 두려움을 줍니다. 이를 극복하여 자신감을 가질 수 있도록 친구들과 함께 소리 내 응원하게 합니다.
용기를 갖고 도전한 학생들에게는 자신감에 대한 자기 평가를 진행한 후 라이프스킬 쿠폰 스티커를 나누어 줍니다.

관련 라이프 스킬	자신감
라이프스킬 명명하기	겁내지 않고 자신 있게 도전하기

▲ 라이프스킬 쿠폰 스티커

표적 활동과
라이프스킬
'플로어 컬링'

평창 동계 올림픽에서 대한민국 컬링 경기를 보면서 응원한 경험이 있으신 가요? 이번 장에서는 꽁꽁 언 얼음 바닥이 아닌 곳에서도 즐길 수 있는 컬링 게임을 소개합니다. 컬링은 학생들이 팀원과 함께 협력하면서 공동의 목표를 달성하고, 팀의 소중함과 기쁨을 함께 느낄 수 있는 뉴스포츠입니다.

초등학생 수준에서도 어렵지 않게 참여할 수 있도록 변형한 컬링 게임을 알 아보겠습니다.

표적 활동의 특징

표적 활동은 2022 개정 체육과 교육과정 5~6학년군 스포츠 영역의 기술형 스포츠 중 기록형 스포츠의 세부 활동으로 제시되었으며, 목표물에 정확히 보내는 활동을 통해 자신의 기록 달성에 도전하는 과정을 강조하는 영역입니다(교육부, 2022). 표적 도전 활동의 대표적인 예시로는 볼링, 골프, 다트, 컬링 게임 등이 있으며, 활동의 수준이 어렵지 않아 초등 저학년에서도 지도가 가능합니다. 표적 활동에서는 고정되거나 움직이는 표적 등 대상의 특성에 따라 다양한 수준의 활동을 경험할 수 있습니다. 표적 활동은 흥미에 앞서 게임을 통해 도전의 가치를 체험하고 겸손한 자세로 기량을 향상할 수 있다는 특징을 가지고 있습니다.

플로어 컬링 소개

컬링 게임은 새로운 체육 용구에 대한 호기심을 활용하여 학생들의 활동 참여 욕구를 향상할 수 있는 활동입니다. 표적 도전으로서 자신이 맞혀야 하는 목표가 분명한 가운데 경쟁의 요소가 더해져 저학년에서 고학년에 이르기까지 모든 학년에서 적극적인 수업 참여를 기대할 수 있습니다.

이번 수업에서는 학생들이 타깃을 향한 개인적 목표에 앞서 팀원으로서 공동의 목표 달성을 추구할 수 있도록 지도하는 것이 중요합니다. 한정된 스톤의 개수에서도 일회성의 투구에만 머무르지 않고, 투구 횟수를 늘려도 진행이 가능하도록 기존의 컬링 게임 경기 규칙을 다음과 같이 변형하였습니다.

① 점수 산출 방법을 간단하게 변형하기

② 1인 투구 참여 횟수 늘리기

③ 활동 비참여 인원(대기 인원)에게 역할 부여하기

④ 팀 협력 향상 및 전략 구상 방안 마련하기

컬링 게임에서 학생들의 팀 협력을 저해하는 현상 중 하나는 자신의 투구 상황에서 아무런 생각 없이 마음대로 스톤을 투구하는 것입니다. 타깃인 목표를 향한 투구 방향과 힘의 강약을 조절하지 못한 채 스톤을 그냥 훅 굴려 버리는 경우, 좋은 성과를 얻지 못하고 팀원들에게 원성을 듣기 마련이지요. 이러한 부정적 경험이 반복적으로 누적되면 다음 차례에 집중력이 떨어지고 팀 기여의 목표를 상실한 채 아무렇게 투구하는 식의 악순환이 시작됩니다.

이번 수업에서는 이러한 현상을 예방하기 위하여 라이프스킬 바구니에서 '책임감'을 가장 중요한 실천 목표로 제시합니다. 동시에 경기 상황 속에서 '자신감, 신뢰, 의사소통'의 라이프스킬을 발견하고 실천할 수 있도록 지도하였습니다.

플로어 컬링 체험하기

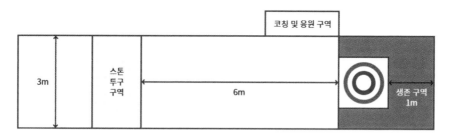

코칭 및 응원 구역

3m

스톤
투구
구역

6m

생존 구역
1m

(그림: 비상교육 비바샘)

✔ 게임 방법

① 한 사람당 1개의 스톤을 투구합니다. (총 스톤 수 8개, 팀당 4개)

② 순서는 팀당 한 명씩 번갈아가며 정해진 순서대로 투구합니다.
엔드가 바뀔 때 마다 먼저 투구하는 팀의 차례도 바뀝니다. 보통
40분 수업에서는 3~4엔드의 시합이 가능합니다.

③ 팀별 4개의 스톤을 모두 투구한 이후 생존 구역에 위치한(또는 걸쳐
져 있는) 스톤은 1회 재투구를 할 수 있습니다.

④ 스톤을 투구한 학생이 직접 가지러 가고, 처음 경기 시작 시 팀
투구 순서에 따라 다시 투구하도록 합니다.

⑤ 정통 컬링 경기와 다른 점은 투구 동작만 있으며, 투구된 스톤의
방향을 조정하기 위해 바닥을 문지르는 활동은 하지 않는다는 점
입니다.

⑥ 필요시 교실에 있는 빗자루 또는 플로어볼 스틱에 만보기를 달아 바닥을 긁는 동작을 추가할 수 있습니다. 바닥 면에 미치는 영향은 없지만 만보기 숫자에 따라 가점을 줄 수 있는 방법도 있습니다.

✔ 점수 규칙

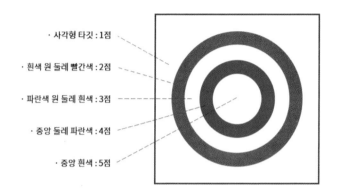

· 사각형 타깃 : 1점
· 흰색 원 둘레 빨간색 : 2점
· 파란색 원 둘레 흰색 : 3점
· 중앙 둘레 파란색 : 4점
· 중앙 흰색 : 5점

(그림: 비상교육 비바샘)

초등학생 수준에서 점수 계산이 어렵지 않도록 규칙을 간단하게 변형합니다. 경기에서 모든 엔드가 종료된 후 총점을 계산하여 승패를 가립니다.

① 승, 패는 득점이 많고 적음으로 결정합니다.
② 하우스 중심부를 기준으로 더 가까이 위치한 스톤에 점수를 매깁니다. 중심부에 가까울수록 높은 점수를 득점할 수 있습니다.
③ 총 점수의 차이가 커서 남은 경기를 진행해도 승패가 바뀔 수 없는 시점에는 경기를 종료할 수 있습니다.
④ 각 팀에서는 점수 결과를 점수 기록지에 기록합니다.

선공	• 수비 위주의 경기를 해야 하며, 타깃 중심부에 근접하게 두는 것이 기본 수비의 핵심입니다. • 첫 스톤은 타깃 중심부에 최대한 가깝게 놓고 두 번째부터는 중심부에 있는 스톤을 지키기 위한 방어(가드)를 합니다
후공	• 최소 동점을 목표로 엔드를 마치도록 해야 하며, 다음 엔드에서 다득점을 할 수 있도록 노력해야 합니다. • 큰 점수를 획득하기 힘든 상황이라면 각 엔드를 동점으로 이끌 수 있습니다. 마지막 엔드에서 1점이라도 득점한다는 목표를 가지고 투구해야 승리할 수 있습니다.

· 이기고 있을 때에는 남아 있는 엔드와 각 엔드 상대에게 줄 수 있는 최소 또는 최대 점수를 계산하여 남은 엔드를 유리하게 이끌도록 경기를 운영해야 합니다.

· 지고 있는 경우에는 빠른 엔드에 점수를 얻도록 해야 합니다. 남아 있는 엔드에 최대한 득점 가능한 점수를 계산하고 몇 점 차이로 지고 있는지에 따라 경기를 운영합니다.

컬링 게임의 스톤 세트

컬링 게임 진행 전체 모습(2면)

투구 전 팀 목표를 함께 정하기

① 경기 전 점수판을 향해 여러 번 투구 연습을 하면서 스톤에 대한 감각을 익히고 힘의 강약을 조절하는 연습을 합니다.

② 스톤을 투구할 때 몸의 밸런스를 잘 조절하여 팔을 뻗어 투구하며 시선은 스톤이 멈출 때까지 주시합니다.

③ 스톤을 투구하는 방향과 강약조절의 중요성을 강조합니다.

④ 컬링에서는 개인의 실력보다 팀의 협력을 우선합니다. 즉 자신이 점수판의 가운데 5점에 스톤을 보내는 것으로 활동이 끝나지 않고, 이 스톤을 상대 팀의 공격으로부터 지켜내기 위한 전략이 필요합니다.

⑤ 상대 팀에서는 팀의 승리를 위하여 자신이 투구하는 스톤의 목표가 점수판의 가운데 5점이 아니라, 상대 팀의 특정 스톤을 맞춰서 점수판 밖으로 내보내는 것이 될 수도 있습니다. 이러한 경기 운영 전략을 적극 활용할 수 있도록 경기 운영 방법을 안내합니다.

★  **혁준 쌤의 지도 팁!**

✔ 경기에 사용하는 스톤이 굴러오면서 신체와 부딪히면 다칠 수 있습니다. **경기 외 시간에 스톤을 마음대로 굴리지 않도록 합니다. 또한 경기가 완전히 종료되지 않은 상황에서 자신의 스톤을 가지러 갈 경우, 다른 학생이 동시에 투구한 스톤과 충돌할 수 있다는 점을 강조합니다.**

✔ 스톤을 투구하는 학생에게서 1m가량 떨어지도록 합니다. **동작이 큰 학생의 경우 투구 동작 시에 부딪힘이 발생할 수 있습니다.**

✔ 스톤을 들고 가다가 떨어뜨리면 발가락이 크게 다칠 수 있습니다. **스톤 이**

동 시 학생들이 주의를 기울일 수 있도록 지도합니다.

✔ 라이프스킬 수업 전략

다양한 경기 상황을 예로 들어 라이프스킬 지도 전략을 적용해 봅시다.

예시상황		수업 전략
	자신의 차례에서 경기 상황을 체크하지 않고, 아무렇게나 투구하는 학생을 발견한 경우	팀 협력이 강조되지만 자신의 투구에만 집중하는 학생들이 많이 있습니다. 이런 학생의 경우 경기 상황과 무관하게 점수판의 가운데만을 목표로 설정하기 쉽습니다. 그렇기 때문에 한 번에 투구에서도 팀원과 공동의 목표를 정하여 최선을 다할 수 있도록 지도합니다.
관련 라이프스킬	의사소통, 책임감	
라이프스킬 명명하기	우리 팀의 목표를 위하여 집중해서 투구하기	

	예시상황		수업 전략
	팀원들이 원하는 곳에 스톤을 투구하지 못한 학생에 대하여 원망하는 학생들을 발견한 경우		실수한 학생에게 소리를 지르거나 원망하면 다음의 투구에서도 부정적인 영향을 미칠 수 있습니다. 팀원들이 다음에는 더 잘할 수 있다는 믿음을 갖고 있다는 것을 느낄 수 있게 응원하도록 지도합니다. 덧붙여 팀 분위기를 끌어올릴 수 있는 세리머니를 준비하도록 합니다.

관련 라이프 스킬	신뢰, 존중
라이프스킬 명명하기	친구를 믿고 세리머니로 에너지 모아주기

영역형 스포츠와
라이프스킬
'추크볼 1'

전략형 스포츠 중 영역형 스포츠는 체육수업에서 학생들이 가장 좋아하는 활동 중 하나입니다. 경기 중에 의사결정 과정들도 많이 생기기 때문에 라이프스킬 교육을 하기에도 아주 좋은 활동입니다. 체육 시간만 되면 '자율 축구'를 하고 싶다는 학생들 많이 있죠? 이번 장에서는 재미와 교육적 성취도 함께 얻을 수 있는 영역형 활동 수업 '추크볼'을 소개합니다. 경기 중 발생하는 문제 상황을 교육의 기회로 만들 수 있는 라이프스킬 수업 전략도 함께 살펴보겠습니다.

영역형 스포츠의 특징

 전략형 스포츠의 영역형 활동은 초등학교 3~4학년의 기본 움직임 기술을 바탕으로 5~6학년군에서 다양한 변형 스포츠 활동(축구형, 농구형, 핸드볼형, 럭비형, 하키형 게임)으로 학습하도록 제시되어 있습니다(교육부, 2022). 영역형 활동에서는 공통적으로 상대 구역으로 이동하여 정해진 공간에 공을 보내 득점하는 게임을 수행합니다. 또한 팀원들과의 의사결정을 바탕으로 협력적 분위기를 형성하는 것을 강조하고, 초등학교 단계에서는 정통적인 스포츠 종목의 체험보다 변형한 형태의 게임으로 지도합니다.

영역형 활동의 수업에서 교사가 학생들에게 강조해야 하는 내용은 공간 확보와 공간 만들기, 공간 침투 등을 활용하여 게임을 운영하는 것입니다. 초등 체육에서는 공간 만들기, 공간 차단하기, 골 넣기와 골 막기의 '기본 전략'과 공 이어주기, 공 몰기, 공 빼앗기, 골 넣기와 막기 등의 '기본 기능'을 다루고 있습니다.

영역형 활동의 대표적인 종목으로는 축구, 농구, 핸드볼, 럭비, 하키 등이 있습니다. 이러한 종목들 역시 초등 체육에서는 학생들의 수준에 맞춰 경기 규칙과 방법 등을 변형한 리드게임으로 제공합니다. 운동을 좋아하는 아이들이 유년 시절부터 어렵지 않게 접해 보는 활동이지만, 경기 수행의 배경지식과 심동적 영역의 기능 및 하위 기술에는 차이가 있을 수 있습니다.

또한 하나의 종목 경험을 통해 형성된 영역형 활동의 전술적 개념 지식은 다른 종목에서도 그대로 활용됩니다(김상목, 2019). 예를 들어 공격에서 슛을 하기 위하여 동료와 패스를 주고받으며 골대를 향해 달려나가는 활동들이 영역형의 모든 종목에서 유용한 기술로 활용될 수 있습니다(Butler, & McCahan, 2005).

하지만 체육수업에서 이러한 종목들은 '아나공 수업'의 대표적인 활동으로 이야기되어 왔습니다. 이는 교사들이 영역형 활동의 가장 중요한 가치인 '영역형 침투'와, 방어 능력인 '전략', 그리고 여러 사람의 집단적 활동인 '협동심'에 대한 교육을 효과적으로 수행하지 못하고 있었기 때문입니다(김용환, 2013). 학생들에게 비구조화된 수업에서 자율적 활동을 허락하기보다, 교사의 의도적인 교육활동을 통해 영역형 활동에서 공통적으로 강조하고 있는 기본 기능과 기본 전략이 효과적으로 지도될 수 있도록 관심을 가져야 합니다.

추크볼 진행 방법

핸드볼형 게임을 변형한 뉴스포츠 '추크볼'의 진행 방법을 소개합니다. 이번 장에서는 학생들이 전략형 스포츠 중 영역형 활동의 공간 만들기와 차단하기, 공 이어주기와 골 넣기 등의 기본 기능을 전략적으로 수행할 수 있도록 돕는 지도 방법들을 안내합니다. 이어서 팀원 간의 활발한 의사소통을 통해 약속된 플레이를 펼치고, 동시에 라이프스킬까지 연습할 수 있는 수업 운영 방법들도 살펴보겠습니다.

추크볼의 경기 규칙은 영역형 경쟁의 전술 습득과 라이프스킬 함양을 위한 목적으로, 초등학생들의 운동 기능 수준을 고려해 변형한 형태로 제시합니다.

[기본 기능 연습 1] 2인 이동하며 패스 주고받기

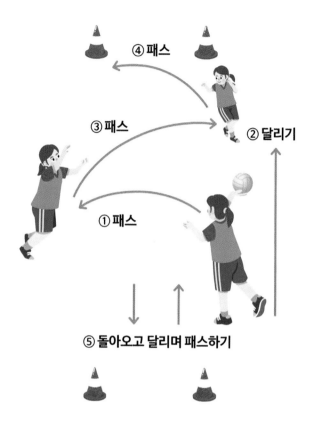

✔ 경기 방법

① 2인 1조로 마주 보며 공 주고받기를 합니다.

② 2인 1조로 출발선에 선 뒤 가볍게 달리면서 공을 주고받습니다.

③ 라바콘을 돌아 출발선 지점까지 달려가면서 계속 공을 주고받습니다.

④ 활동을 반복하며 다양한 방법으로 공을 주고받는 연습을 합니다.

① 2명이 공을 주고받는 연습이 선행되어야 합니다. 공을 주고받을 때는 한 손으로 던지기, 공을 든 한 손을 무릎 아래에서 팔을 들어 올리며 던지기, 두 손으로 머리 위에서 던지기, 두 손으로 가슴 앞에서 던지기를 충분히 연습하도록 합니다.

② 달리는 것에만 집중하지 않도록 처음에는 천천히 달리도록 하고, 연습 과정에서 달리기 속도와 패스를 주고받는 속도를 빠르게 하도록 지도합니다.

③ 앞을 보면서 달리다가 공을 받을 때는 상체만 공의 방향으로 돌립니다. 하체를 포함한 몸 전체가 옆으로 돌아가서 게걸음처럼 되지 않도록 지도합니다.

✔ 라이프스킬 수업 전략

학생들은 공을 받는 상대방의 움직임을 보고 패스 방향을 정해야 합니다. 또한

상대방의 움직임을 예상하여 공을 받기 편한 곳으로 보내기 위한 노력을 할 필

요가 있습니다. 경기 상황을 예로 들어 라이프스킬 지도 전략을 적용해 봅시다.

예시상황	수업 전략
앞으로 달리는 친구의 움직임에 유의하지 않고, 아무렇게 공을 던지는 학생을 발견한 경우	친구가 공을 받기 편하도록 패스를 잘한 학생이 출발선으로 돌아오면, 교사가 '배려 엄지 척' 이라고 웃으면서 학생을 칭찬합니다.

관련 라이프 스킬	배려
라이프스킬 명명하기	친구가 공을 받기 편한 곳으로 정확하게 공 던지기

[기본 기능 연습 2] 오각형 꼭짓점을 이동하며 패스 주고받기

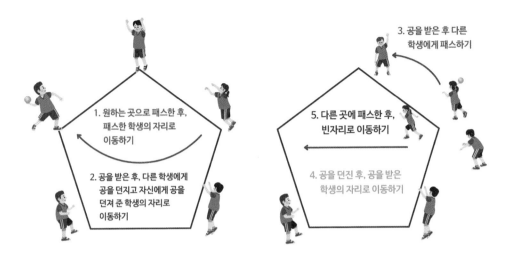

✔ 게임 방법

① 5명을 기준으로 오각형 모양으로 자리를 잡습니다. (6명의 경우 육각형으로 가능)

② 첫 번째 학생이 원하는 학생에게 패스를 하고 그 학생의 자리로 달려갑니다.

③ 공을 받은 두 번째 학생이 원하는 학생에게 패스를 하고, 첫 번째 학생의 자리로 달려갑니다.

④ 공을 받은 세 번째 학생이 원하는 학생에게 패스를 하고, 두 번째 학생의 자리로 이동합니다.

⑤ 이와 같은 방법으로 오각형 꼭짓점을 이동하며 패스를 주고받는 연습을 진행합니다. 이후에는 자신에게 오는 공을 앞으로 달려가 받고, 앞사람의 자리로 이동하기 위해 달려가면서 또 다른 사람에게 패스합니다.

① 공을 패스할 때는 다양한 방법으로 던지는 연습을 합니다. 예를 들어 한 손으로 던지기, 가슴 앞으로 던지기, 머리 위 두 손으로 던지기 등의 방법이 있습니다.

② 공을 들고 움직일 때는 세 발까지만 움직이고, 네 번째 발이 바닥에 닿기 전에 패스를 합니다.

③ 상대방이 쉽게 공을 받을 수 있도록 정확하게 던집니다.

④ 무조건 빠르게 패스하고 움직이는 것보다 공을 정확하게 주고받는 것이 더 중요하다고 강조합니다.

⑤ 공을 떨어뜨리거나 패스를 못한 학생은 제자리로 와서 팔 벌려 뛰기를 5번씩 하도록 합니다.

★ **혁준 쌤의 지도 팁!**

✔ 추크볼 경기에서 사용하는 공인구를 강하게 던지면 손가락 부상을 유발할 수 있습니다. 초등학생들의 운동 수준에 맞는 안전한 공을 선택합니다. 스페이스볼(핑거볼), 소프트볼의 사용을 추천합니다.

✔ '오각형 꼭짓점을 이동하며 패스 주고받기' 활동에서 학생들이 항상 공의 움직임에 집중하도록 합니다. 다른 곳을 쳐다보다가 갑자기 공이 날아와 얼굴을 맞을 경우 다칠 수 있습니다.

✔ 라이프스킬 수업 전략

학생들은 공을 받는 상대방의 움직임을 보고 패스 방향을 정해야 합니다. 또한 상대방의 움직임을 예상하여 공을 받기 편한 곳으로 보내기 위한 노력을 할 필요가 있습니다. 경기 상황을 예로 들어 라이프스킬 지도 전략을 적용해 봅시다.

수업 전략

규칙을 정확하게 지키면서 가장 많은 패스를 실수 없이 주고받는 팀을 선정합니다. 팀 협동의 의미를 담은 팀 구호를 정하고 연습 중에 활용하도록 합니다.
예시) 첫 번째 공을 던지는 학생이 팀 구호(예: 포배리안)를 외치면 팀원 전체가 이름을 붙인 라이프스킬 목표(예: 천천히! 정확하게! 할 수 있다! 아자!)를 따라 외칩니다.

	포배리안! (의미: 포용하고 배려하는 팀)		(리듬을 타며) 천천히! 정확하게! 할 수 있다! 아자!
관련 라이프 스킬	규칙준수, 협동		
라이프스킬 명명하기	천천히! 정확하게! 패스하며 서로를 응원하기!		

교사는 팀 활동 평가 시 패스의 개수를 종합한 운동 기능 점수에, 큰 소리로 단합하며 응원하는 팀원들에게 라이프스킬 점수를 추가로 줄 수 있습니다. 이 방법을 활용하면 운동 기능이 부족한 학생도 팀에 기여할 수 있다는 장점이 있습니다.

영역형 스포츠와
라이프스킬
'추크볼 2'

초등 체육에서 교사들이 범하는 오류 중 하나는 남학생과 여학생을 분리하여 스포츠 경기를 수행하는 것입니다. 초등학교 시기에는 남녀의 신체적 차이가 거의 동등하며 오히려 사춘기가 빨리 시작되는 여학생이 더 발달하는 경향이 있습니다. 다만 남학생 중심의 스포츠 활동 참여 문화가 여학생들을 더욱더 소외시키는 결과를 낳게 된 것이죠. 따라서 이 시기에는 성별 간 특성에 주목하기보다, 같은 성별 내에서 운동 기능 차이가 발생하여 소외되는 학생들을 더 관심 깊게 살펴볼 필요가 있습니다. 이번 장에서는 공동의 목표를 달성하면서 팀원 모두가 성과를 공유할 수 있는 스포츠 게임 지도 방법을 소개합니다.

이전 차시 복습하기

앞 장에서는 핸드볼형 게임에서 가장 중요한 기능인 공간 만들기, 공 이어주기에 대하여 연습하였습니다. 이번 장에서는 변형된 추크볼 경기에 참여하면서 친구들과 적극적으로 의사소통하며 협력하는 활동을 합니다. One Team, One Spirit! 우리 팀원 모두가 하나가 되어 공동의 목표를 달성할 수 있는 라이프스킬을 연습해 보겠습니다.

체육 지도 교사의 책임

초등학교 시기의 운동 기능은 성별 간 차이보다 성별 내 차이가 훨씬 더 크며, 학생들의 운동 기능 수준의 차이는 생물학적인 것이 아니라 문화적인 경험의 차이에서 오는 것으로 보고되어 왔습니다(K. Thomas, & J. Thomas, 2008). 체육수업에서 학생들이 남녀 혼성팀에 대한 거부감을 드러내는 경우를 쉽게 접할 수 있는데요. 남학생들은 경기의 박진감을 위하여, 여학생들은 남자들만 공을 갖는 것에 대한 소외감을 표현할 때가 많습니다.

하지만 앞서 언급한 바와 같이, 초등학교 시기의 성별 간 운동 기능의 차이는 매우 작거나 존재하지 않는다는 것이 학계의 정설입니다.

그렇다면 무엇이 문제였을까요? 교사가 놓치고 있었던 한 가지는 동성 내에서 소외되어 온 운동 기능 수준이 낮은 학생들이 있었다는 것입니다. 성별과 무관하게 누군가는 경쟁 활동에서 소외되어 왔고, 다만 이들이 혼성 경기에서 더욱 더 부각되어 드러났을 뿐입니다.

철학자 알프레드 화이트헤드(Whitehead, 1929)는 초등 체육은 신체 활동이 미숙한 아이들이 처음으로 자신의 몸에 호기심을 가지고 건강을 지키기 위한 평생의 여정을 시작하는 시기라고 하였습니다. 이러한 생각을 발전시켜 국내 스포츠교육 전문가는 초등학생들과 체육수업의 설레는 만남을 '낭만의 단계'라고 불렀습니다(최의창, 2010).

즉 초등학교가 평생의 체육 활동에 대한 첫 인상을 결정짓고, 지도 교사는 아동들에게 지속적인 신체 활동을 위한 동기 부여를 돕는 임무를 지녔다는 것입니다. 대부분의 아이들은 적절한 연습과 교육의 기회를 통해 특정 종목의 운동 기능을 마스터할 수 있습니다.

교사들은 이들이 신체 활동의 즐거움을 찾고 발전할 수 있도록 동등한 환경에서 연습할 수 있는 운동 기회를 제공할 책임이 있습니다 (Haubenstricker, & Seefeldt, 1986).

우리 팀 모두 하나로,
변형 추크볼 게임

 이번 수업은 경쟁보다 협력에 초점을 둔 활동입니다.

소외되는 학생이 생기지 않도록 기존의 추크볼 경기의 규칙을 과감하게 변형하였습니다. 또한 팀원 모두가 적극적으로 소통하며 협력하기 위한 라이프스킬을 반복적으로 연습하는 기회를 가질 수 있도록 활동을 구성하였습니다. 이를 통해 '골'이라는 득점의 영광이 몇몇의 특정 선수가 아닌, 팀원 모두가 공유할 수 있는 즐거운 경험이 될 것입니다.

✔ 수업 공간 구성

수업 공간 구성은 게임 환경에 따라 3가지 중 하나를 선택하여 진행합니다.

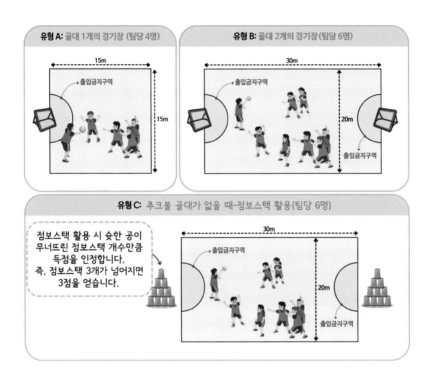

✔ 게임 방법

① 수비자는 바닥에 공이 떨어지기 전에 공을 건드릴 수 없으며, 공격자와 1m 이상 떨어져야 합니다. 패스되는 공을 중간에 가로챌 수도 없습니다.

② 공을 가진 상태에서는 3걸음 까지만 걸을 수 있으며, 공을 받고 3초 안에 패스를 해야 합니다.

③ 팀원들 모두가 한 번씩 패스를 주고받아야 슛이 가능합니다. 예

를 들어 6명이 한 팀일 때 다섯 번째 패스를 받은 공격자가 숫팅할 경우 무효가 되고, 한 명이 패스를 받지 않았기 때문에 공수 전환이 됩니다.

④ 숫한 공이 골대를 맞고 튕겨져 나올 경우, 이 공을 상대 팀 선수가 받으면 득점이 인정되지 않고 그대로 공수 전환이 되어 경기가 진행됩니다.

⑤ 숫한 공이 골대를 맞고 튕겨져 나왔을 때, 상대 팀 선수가 바닥에 닿기 전에 받지 못하면 공격 팀의 득점이 됩니다. 이때 튕겨져 나온 공이 출입금지선 안에 떨어지거나, 경기장 밖으로 나가는 경우 또는 공격자의 몸에 맞을 경우에는 득점이 되지 않습니다.

✔ 지도상의 유의점

① 수비자는 공을 가지고 있거나 공을 받을 것으로 예상되는 공격자의 패스 경로를 잘 차단해야 합니다. 패스되는 공을 빼앗을 수는 없지만, 빈 공간을 막는 것만으로도 수비 효과가 있음을 강조합니다.

② 팀원이 모여 패스를 받을 선수들의 번호를 차례대로 정하여 공격 팀의 루틴을 만들어 봅니다. 경기 중에 앞의 번호가 공을 받고 있을 때, 다음 번호가 공을 가지고 있는 선수 주변의 빈 공간으로 달려 들어가는 연습을 반복적으로 실시합니다. 루틴을 만들고, 연습하는 과정만으로도 한 차시 수업이 가능합니다.

★ 🧑 **혁준 쌤의 지도 팁!**

✔ 추크볼 경기에서 사용하는 공인구를 강하게 던지면 손가락 부상을 유발할 수 있습니다. 초등학생들의 운동 수준에 맞는 안전한 공을 선택합니다. 스페이스볼(핑거볼), 소프트볼의 사용을 추천합니다.

✔ 갑자기 방향 전환을 할 경우 관절에 무리가 올 수 있습니다. 활동에 앞서 발목, 무릎의 준비 운동을 철저하게 하도록 합니다.

✔ 슛팅한 공에 집중하지 않을 경우, 튕겨 나오는 공에 안면부를 강하게 맞을 수 있습니다. 경기에 집중하고, 출입 금지 구역에는 절대로 들어가지 않도록 지도합니다.

✔ 라이프스킬 수업 전략

공격 팀의 루틴을 만들어서 경기에 적용할 경우, 소극적인 학생들도 자신의 차례가 되면 적극적으로 빈 공간에 뛰어들어갑니다. 또한 수비 팀을 혼란스럽게 하기 위하여 다른 번호 선수들이 공간으로 뛰어 들어가는 활동에도 적극적으로 참여하는 모습을 볼 수 있습니다.

예시상황	수업 전략
운동에 소극적인 학생들을 발견한 경우	다음 패스를 받을 학생들이 각자 앞의 학생과 약속된 자신만의 '구호'를 만들어서 공유합니다. 적극적인 의사소통과 움직임을 통해 득점할 경우, 학생들 스스로 라이프스킬의 중요성을 인식할 수 있습니다.

관련 라이프 스킬	의사소통, 협력
라이프스킬 명명하기	나만의 구호를 외치며 빈 공간을 찾아 뛰어가기

필드형 스포츠와 라이프스킬 '던지기 야구'

전략형 스포츠 중 필드형은 학생들이 스포츠 활동을 통해 상대와의 경쟁을 체험하고, 자신이 맡은 역할에 책임감을 갖기에 아주 좋은 활동입니다. 학생들이 자신의 역할을 완수하는 과정에서 타인을 이해하고 존중하는 태도를 익히고, 선의의 경쟁 경험을 쌓을 수 있는 기회이기도 합니다. 하지만 학생들의 기본 체력과 운동 기능 수준은 저마다 다르기 때문에 지도에 어려움을 겪는 교사들이 많습니다. 이번 장에서는 이러한 어려움을 극복해 모든 학생들이 즐길 수 있는 야구형 게임의 다양한 수업 운영 방법들을 살펴보겠습니다.

필드형 스포츠 지도의 어려움

　　필드형 스포츠의 대표적인 활동은 야구형 게임으로, 초등학교 현장에서는 발야구가 가장 활발하게 지도되어 왔습니다. 이는 여러 이유들 중 학생들이 게임을 쉽게 이해할 수 있어 교사의 적극적인 지도가 요구되지 않는다는 인식이 있기 때문입니다(남상란, 2006). 하지만 발야구를 지도해 본 교사라면 다음과 같은 어려움을 겪어 보셨을 겁니다.

● 발야구 지도의 어려움

- 운동 기능 수준이 낮은 아이들과 신체 활동에 관심이 없는 학생들의 무관심 (이옥선, 1996; 전호정, 2001)
- 학급 모두가 아닌 운동을 잘하는 아이들 중심의 경기 운영(손혁준, 박용남, 2022)
- 동료 학생들의 고성으로 인해 경기에서 실수한 학생들이 겪는 수치심 등의 부정적 정서 경험(이규일, 류태호, 2010)
- 공의 움직임을 지켜만 보면서 소극적인 경기 참여로 인한 낮은 신체 활동량에 대한 우려(박경진, 엄우섭, 2013)

이러한 현상들의 원인은 무엇일까요? 여러 원인 중 하나는 발야구 게임이 지닌 필드형 스포츠의 활동 목적을 학생들이 정확하게 인지하지 못했기 때문입니다.

초등 체육에서는 학생들의 기본 기능 수준 격차가 게임 운영의 전부가 되어서는 안 됩니다. 공을 멀리 차지 못하는 아이에게도 필드형 게임이 추구하고자 하는 게임의 특성을 경험하고 적용할 수 있는 교육의 기회를 제공해야 합니다. 이를 위해 다음의 필드형 게임 핵심을 고려한 수업이 진행되어야 합니다.

● **필드형 게임의 핵심**

- 상대의 빈 공간으로 공 보내기
- 공격과 수비의 기본 기능 활용하기
- 게임에서의 전략 탐색하기
- 자신의 책임을 인식하고 맡은 역할에 최선을 다하기

이번 장에서는 학생들의 운동 기능 수준 격차를 최소화하면서 필드형 게임의 본질과 교육 목적을 성취할 수 있도록 다양한 게임을 소개하고자 합니다.

야구형 게임 - 던지기 야구

  야구형 게임에서 공격팀에게 요구되는 전술을 익히기 위해서는 가장 먼저 공을 강하게 칠 수 있는 능력이 필요합니다. 공을 멀리 보낼 수 없는 학생들은 경기 중 정해진 구역(베이스)을 뛰어볼 기회가 없어 필드형 스포츠의 개념과 특성을 몸으로 직접 체험하기 힘들 수 있기 때문입니다.

 '공 던지고 베이스 돌기'의 야구형 변형 게임에서는 내·외야의 여러 공간으로 공을 보내기 위하여 던지기의 기본적인 운동 기술만 요구합니다.

 이를 통해 수비팀에게는 전술의 이해와 연습의 기회가 생기고, 공격팀에서는 수비자 및 주자의 위치를 고려하여 빈 공간으로 공을 던지는 연습과 주루 플레이를 동시에 익힐 수 있습니다. 동시에 원하는 곳에 공을 정확하게 보내는 방법과 공을 무조건 세게 치는 것만이 아니라 강약을 조절하면서 치는 연습을 진행할 수 있습니다.

 이 게임은 교사의 수업 목적과 학생들의 수준에 따라 아래와 같이 몇 가지 형태로 수업을 설계하여 운영할 수 있습니다.

① 공을 던지고 라바콘 돌아오기

② 2루 야구장에서 공 던지고 주루 플레이하기

③ 멀리 던지고 빙글 돌기, 공을 잡아 전달하기

필드형 스포츠에서는 학생들에게 맡은 역할을 최선을 다해 수행하기 위한 '책임감'과 게임에서 일어나는 실수에 대하여 이해하고 공감하기 위한 '존중의 태도'를 강조하고 있습니다. 이를 고려하여 본 수업에서는 라이프스킬 바구니 10개 중 '책임, 존중'을 최선의 역량으로 제시하며, 전술 연습을 통한 '의사소통' 역시 중점적으로 교육하도록 합니다.

공을 던지고 라바콘 돌아오기

✔ 수업 공간 구성

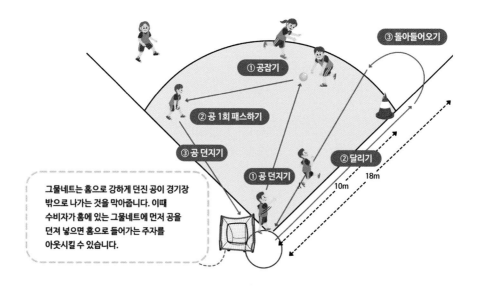

✔ 게임 방법

공격	① 공격자는 수비자의 위치를 확인하고 빈 공간을 탐색합니다. ② 빈 공간으로 공을 던진 후 1루 베이스에 위치한 라바콘을 뛰어 돌아옵니다. ③ 수비팀의 공이 홈의 그물네트에 오기 전에 홈 베이스를 밟으면 1점 득점합니다.
수비	① 수비팀의 위치를 확인한 후 공격팀의 공격 방향을 예상합니다. ② 공격자가 던진 공과 가까운 지역의 수비자가 공을 잡고, 다른 수비자 한 명에게 공을 던져서 전달합니다. ③ 공을 패스받은 수비자는 공격자가 홈으로 들어오기 전에 홈 그물네트에 공을 던져서 주자를 아웃 시킬 수 있습니다.

✔ 지도상의 유의점

① 한 팀의 인원이 최대 6명을 넘지 않도록 합니다.

② 수업 공간의 여유가 있다면 2면의 경기장을 동시에 운영하는 것이 좋습니다.

③ 공격자가 홈과 가까운 곳에 공을 떨어뜨려 놓는 경우를 방지하기 위해 홈에서 2~3m 정도 파울 지역을 설정할 수 있습니다.

④ 경기 상황에 따라 라바콘까지의 거리, 수비자의 공 전달 횟수 등을 조정하면서 경기를 변형할 수 있습니다.

✔ 라이프스킬 수업 전략

	예시 상황	수업 전략
	공을 잡은 수비자를 보며 자신에게만 패스하라고 하는 학생 발견	운동 기능 수준과 관계없이 모든 학생이 참여할 수 있도록 수비자들이 모두 한 번씩 번갈아 가며 패스를 받아 홈으로 공을 던지기 위한 수업 전략을 활용합니다. 구체적으로 6명의 수비자 모두가 패스를 받아 공을 던진다면 수비자에게도 점수 1점을 부여할 수 있습니다.
관련 라이프 스킬	존중, 의사소통	
라이프스킬 명명하기	모두 함께 패스를 받아 수비에서 1점 얻기	

2루 야구장에서 공 던지고 주루 플레이하기

✔ 수업 공간 구성

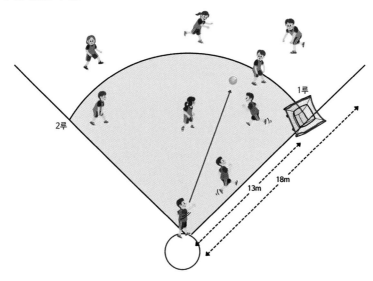

✔ 게임 방법

공격	① 공격자는 수비자의 위치를 확인하고 빈 공간을 탐색합니다. ② 빈 공간으로 공을 던진 후 1루 베이스로 뛰어갑니다. ③ 다음 공격자가 공을 던졌을 때 1루 주자는 2루로 뛰어갑니다. ④ 한 번의 공격에 한 베이스만 이동할 수 있으며, 홈으로 들어오면 점수 1점을 얻습니다. ⑤ 공격자가 던진 공이 바닥에 닿기 전 수비자에게 잡히면 아웃이 되고, 선행 주자는 뛰어가지 못합니다. 뛰어간 경우 공이 먼저 베이스로 왔을 때는 선행 주자도 아웃이 됩니다.
수비	① 수비팀의 위치와 주자 유무를 확인한 후 공격팀의 공격 방향을 예상합니다. ② 공격자가 던진 공과 가까운 지역의 수비자가 공을 잡고, 공격자의 주루를 확인한 후 1루 또는 2루로 공을 던집니다. ③ 수비자의 신체 부위가 베이스에 닿은 상황에서 주자가 오기 전 공을 잡으면 아웃이 됩니다. ④ 공격자가 던진 공이 바닥에 닿기 전 바로 잡으면 아웃이 됩니다.

✔ 지도상의 유의점

① 야구형 게임에서 수비가 1루에 공을 던졌을 때 잡지 못하면서 공격 시간이 길어지는 경우가 많습니다. 이를 방지하기 위하여 1루에는 그물네트를 설치하면 좋습니다. 수비자가 던진 공을 1루의 그물네트 안으로 던지면 1루수가 공을 잡는 것을 대신할 수 있습니다.

② 수비자들이 자신의 역할을 정확하게 이해하고 있어야 합니다. 예를 들어 누군가 공을 잡았을 때 내가 2루 베이스 주변에 있다면 선행 주자를 아웃시키기 위해 친구들이 나에게 공을 던질 수 있다는 것을 인지시켜야 합니다.

③ 수비자가 한 번에 공을 멀리 던지지 못하는 경우에는 주변의 다

른 친구에게 패스한 후 공을 던질 수 있도록 지도합니다.

★ 🧑 **혁준 쌤의 지도 팁!**

✔ 다른 친구에게 존중과 배려를 받고 고마움을 느낀 학생이 있다면 교실의 '라이프스킬 게시판'을 활용할 수 있습니다. 경기가 끝난 후 학생은 고마움을 느낀 친구에게 칭찬 메모 혹은 고마움을 담은 표현을 포스트잇에 작성한 후 게시판에 붙입니다.

✔ 칭찬받은 학생에게는 학급 운영 방법에 따라 '배려 실천' 자격증 부여 또는 칭찬 스티커를 배부할 수 있습니다.

✔ 라이프스킬 수업 전략

공격 팀의 루틴을 만들어서 경기에 적용할 경우, 소극적인 학생들도 자신의 차례가 되면 적극적으로 빈 공간에 뛰어들어갑니다. 또한 수비 팀을 혼란스럽게 하기 위하여 다른 번호 선수들이 공간으로 뛰어 들어가는 활동에도 적극적으로 참여하는 모습을 볼 수 있습니다.

	예시상황		수업 전략
	수비자에게 공이 오는데 망설이면서 잡지 못하고, 안타를 내어주어 같은 팀원 간의 갈등이 발생하는 경우		친구에게 화를 내고 고함을 지르며 책임을 묻기보다, 더 잘할 수 있도록 격려할 줄 알아야 합니다. 이를 위해 친구를 응원하는 라이프스킬을 연습하도록 합니다.

관련 라이프 스킬	존중, 배려
라이프스킬 명명하기	친구를 비난하지 않고, 최선을 다할 수 있도록 응원하기

멀리 던지고 빙글 돌기, 공을 잡아 전달하기

✔ 수업 공간 구성

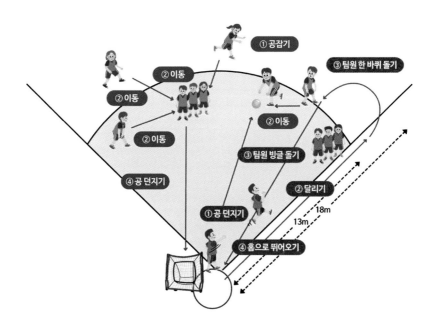

✔ 게임 방법

<table>
<tr>
<td>공격</td>
<td>
① 공격자는 수비자의 위치를 확인하고 빈 공간을 탐색합니다.
② 빈 공간으로 공을 던진 후 1루 베이스로 뛰어갑니다.
③ 1루 베이스의 경기장 라인 바로 바깥에는 다른 공격팀 학생들이 좁은 간격을 유지하며 한 줄로 서 있습니다.
④ 공격자는 공격팀의 줄을 두(세) 바퀴 빙글빙글 돕니다. 정해진 횟수만큼 돌고 홈으로 먼저 들어오면 1점을 득점합니다.
⑤ 본 경기에서 2루와 3루는 없습니다.
</td>
</tr>
<tr>
<td>수비</td>
<td>
① 수비팀의 위치를 확인한 후 공격팀의 공격 방향을 예상합니다.
② 공격자가 공을 던지면 그 공을 잡을 수비자가 누구인지 예상합니다.
③ 공을 잡는 수비자를 제외한 모든 수비들은 경기장 한 곳으로 뛰어서 모인 후 한 줄을 만듭니다.
④ 공을 잡은 수비자는 다른 수비자들이 모여 있는 줄로 달려가 공을 한 명씩 앞으로 차례대로 전달합니다.
⑤ 마지막에 공을 전달받은 수비는 공을 홈의 그물네트로 던지고, 공격자보다 먼저 공이 도착하면 아웃이 됩니다.
</td>
</tr>
</table>

✔ 지도상의 유의점

① 학생들이 경기 규칙을 정확하게 이해할 수 있도록 공이 없이 연습한 후 게임을 진행합니다.

② 경기 상황에 따라 공격자의 도는 횟수를 조정할 수 있습니다.

③ 공격자가 빠르게 돌기 위해서는 공격팀의 한 줄 간격이 좁아야 합니다. 수비팀에서 공을 전달할 때는 간격이 적당히 벌어져야 마지막 공을 받은 학생과 홈과의 거리가 가깝다는 것을 강조할 수 있습니다.

야구형 게임은 팀원 간의 협력이 중요한 경기입니다. 각 팀에서 긍정 에너지를 끌어올리기 위해 경기 전, 세리머니를 만들어서 경기 중에 활용할 수 있습니다.

세리머니는 득점 및 수비에 성공할 때만 하는 것이 아니라, 실수했을 때 점수를 잃었을 때도 '패배 세리머니'를 하면서 가라앉은 팀 분위기를 다시 살릴 수 있습니다. 존중과 배려의 라이프스킬을 통해 실수한 학생 역시 비난 대신 격려를 받으며 힘을 얻게 됩니다.

★  혁준 쌤의 지도 팁!

✔ 공을 무서워하는 학생의 적극적인 참여와 학생들의 안전을 위하여 공은 단단하지 않은 테니스공 또는 티볼공을 활용하도록 합니다.

✔ 주루하는 공격자와 수비자의 충돌이 예상되는 경우, 이를 예방하기 위하여 베이스를 직접 밟지 않고 주변에 밟더라도 세이프로 인정합니다.

✔ 학생들이 모였다 흩어졌다 하는 활동이 많기 때문에 서로 부딪히지 않도록 주의하고, 빠르게 방향 전환을 하면서 관절의 손상이 오지 않도록 준비 운동을 철저하게 하도록 합니다.

필드형 스포츠와 라이프스킬
'주먹 야구'

국제올림픽위원회(IOC)는 세계야구소프트볼연맹(WBSC)이 개발한 'Baseball 5'를 2022년 유스 올림픽 대회*정식 종목에 포함하였습니다. 'Baseball 5'는 주먹 야구형 게임을 빠르고 역동적인 스포츠로 변형한 것으로, 야구형 게임의 도구 사용이 서툰 초등학생들이 필드형 스포츠를 체험할 수 있는 좋은 수업 활동입니다. 이번 장에서는 'Baseball 5' 경기 규칙을 활용하면서, 초등학생의 수준에 적합하도록 일부 규칙을 변형한 게임을 소개하고자 합니다.

---

* 유스 올림픽 대회(Youth Olympics Games): 청소년들의 건강과 도전 정신을 키우기 위해 IOC 의 주최로 2년마다 열리는 청소년 올림픽 대회. 종목은 올림픽과 같은 26개로 구성되며, 제1회 대회는 2010년 8월에 싱가포르에서 열렸다.

이전 차시 복습하기

앞 장에서는 필드형 스포츠 지도의 어려움과 핵심에 대해 살펴보았습니다. 첫 번째 야구형 게임인 '던지기 야구'를 통해 운동 기능 수준이 상대적으로 낮은 학생들도 자신이 맡은 역할을 충분히 수행하도록 했습니다. 동시에 운동 기능 수준이 높은 학생들도 실수한 학생들을 비난 대신 격려하는 방법과 태도를 익힐 수 있었습니다. 이번 장에서는 또 다른 스타일의 야구형 게임을 소개합니다.

필드형 스포츠의 특징

필드형 스포츠는 공격과 수비의 역할이 구분되는 것이 큰 특징입니다. 그렇기에 공격과 수비 역할을 동시에 해야 하거나 공수 전환의 타이밍에 따른 역할 변화가 즉각적으로 이루어지기에는 어려움이 있습니다. 또한 자신의 포지션에 따라 명확한 역할이 주어지고, 역할에 따라 요구되는 운동 기능에도 차이가 있습니다.

예를 들어 공을 강하고 정확하게 던질 수 있는 학생은 내야 수비 포지션에서 3루를 맡습니다. 3루에서 공을 잡아 1루까지 강하고 정확하게 던져야 하기 때문입니다. 그리고 달리기가 빠르고 뜬 공을 잘 잡는 학생은 수비의 범위가 가장 넓은 중견수의 위치에서 역할을 잘 수행할 수 있습니다.

그러나 초등 체육에서는 학생들이 운동에 흥미를 느낄 수 있도록 다양한 수비 위치를 경험해 보는 것이 좋습니다. 따라서 교사는 학생들에게 하나의 운동 기술만 경험하도록 하는 것이 아니라, 야구형 게임에서 요구되는 기본 움직임 기술인 던지기, 받기, 치기, 달리기를 다양하게 경험할 수 있도록 지도할 필요가 있습니다.

야구형 게임 – 주먹 야구

학생들이 자신의 역할을 정확하게 인식하여 경기에 책임감을 가지고, 최선을 다하게 하려면 어떻게 해야 할까요? 이번 수업에서는 라이프스킬 바구니 10개 중 '책임감'을 강조하겠습니다. 이를 통해 학생들은 다른 팀원의 역할 수행을 '신뢰'하면서 전술적으로 '의사소통'을 할 수 있는 방법도 익힐 수 있습니다.

이번 장에서 소개할 게임은 2022년 유스 올림픽 대회 정식 종목에 포함된 'Baseball 5'를 초등학생의 운동 기능과 이해 수준에 맞게 변형한 주먹 야구형 게임입니다. 초등학생들은 변형된 규칙을 통해 자신의 능력에 맞춰 경쟁을 체험할 수 있습니다.

Baseball 5의 경기 규칙을 적용해 주먹 야구형 게임을 하기 위해서는 공격자가 공을 무조건 강하게 멀리 치는 것이 아니라는 것을 이해해야 합니다. 이번 게임의 가장 중요한 규칙은 타자가 친 공의 첫 바운드가 내야를 벗어나면 자동 아웃이 된다는 점입니다. 즉 타자가 친 공이 뜬 공으로 경기장의 붉은색 면(1루 – 2루 – 3루를 잇는 선: 내야)을 넘어가서 떨어지면 타자는 자동으로 아웃이 됩니다.

이러한 규칙을 경기에 적용하면 타자는 무조건 세게 치려고 하지 않고, 수비의 위치를 파악한 후 빈 공간으로 땅을 향해 강하게 내려치게 됩니다. 아이들이 홈에서 너무 가까운 거리에 공을 가볍게 쳐서 떨어뜨린다면 파울 존을 넓게 만들어서 공을 적절하게 치기 위한 생각을 할 수 있도록 수업 공간 구성을 조정할 수 있습니다.

주먹 야구 경기 소개

✔ 수업 공간 구성

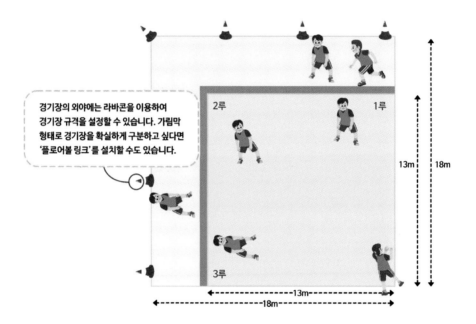

경기장의 외야에는 라바콘을 이용하여 경기장 규격을 설정할 수 있습니다. 가림막 형태로 경기장을 확실하게 구분하고 싶다면 '플로어볼 링크'를 설치할 수도 있습니다.

- Baseball 5의 공인구가 있지만, 티볼공을 경기구로 사용해도 좋습니다.
- 보통 인원은 공격 5명, 수비 5명이지만 학급 인원수에 따라 양팀 각 6명으로 운영 가능합니다
- 수업 공간의 여유가 있다면 2면의 경기장 활용을 권장합니다.
- 2면의 경기장을 동시에 운영한다면, 학생 심판이 필요합니다. 경

기 규칙이 복잡하지 않고 학생들 사이에 세이프, 아웃 외에 특별한 갈등의 소지가 크지 않기 때문에 경기 운영은 어렵지 않습니다. 경기 규칙을 정확하게 인지한 학생 심판이 경기를 효과적으로 운영할 수 있도록 교사의 지도와 감독이 필요합니다.

✔ 게임 방법

공격	① 공격자는 수비자의 위치를 확인하고 빈 공간을 탐색합니다. ② 공격자는 빈 공간을 확인하고 바닥을 향해 강약을 조절하여 공을 주먹(또는 손바닥)으로 치고 1루를 향해 달려갑니다. ③ 주자는 베이스에 발을 붙이고 있어야 하며, 타자가 공을 친 순간 다음 베이스로 이동할 수 있습니다. ④ 도루는 허용하지 않습니다.
수비	① 수비팀의 위치를 확인한 후 공격팀의 공격 방향을 예상합니다. ② 공격자가 던진 공과 가까운 지역의 수비자가 공을 잡고, 1루 또는 선행 주자가 뛰어오는 베이스에 공을 던져 아웃을 시킵니다. ③ 홈으로 들어오는 주자는 홈 인근에 설치된 그물네트로 먼저 공을 던져 아웃을 시킵니다.

✔ 지도상의 유의점

1루에 공을 던졌을 때 학생들이 포구를 어려워한다면 다음의 순서대로 1루수의 부담을 줄여줄 수 있습니다.

① 1루수만 글러브를 사용할 수 있도록 합니다.
② 1루수의 신체에 공이 닿기만 하여도 포구한 것으로 인정합니다. 즉, 공을 놓쳐도 잡은 것으로 인정합니다.

③ 1루 베이스 쪽에 야구 그물망을 설치하고, 포구 대신 그물망에 바로 공을 던지도록 지도합니다.

 ★ **혁준 쌤의 지도 팁!**

이번 활동에서 안전에 특히 유의해야 할 점을 안내합니다.

✔ 공격팀에서 주루하는 학생이 빠르게 들어오기 위하여 슬라이딩하는 경우가 있습니다. 학생의 안전을 위하여 슬라이딩은 자제시키고 이를 위반 시 자동 아웃 처리합니다.

✔ 경기 전 손목 근육을 충분히 풀어주어야 합니다. 또한 주먹으로 공을 치는 것이 부담스러운 학생에게는 손바닥 전체의 면을 활용할 수 있다는 것을 안내합니다.

✔ 라이프스킬 수업 전략

경기 중 친구를 비난하는 행동이 발견되면 팀에서 협력을 기대하기 어려워질 수밖에 없습니다. 그렇기에 수비의 각 역할에 따라 요구되는 운동 기능의 수준이 다를 수 있다는 점을 인식해야 합니다. 이를 위한 라이프스킬 지도 전략을 적용해 봅시다.

	예시상황	수업 전략
	한 학생이 수비에서 공을 잡았지만 제대로 던지지 못해 우왕좌왕하고, 같은 팀의 친구가 그 친구를 답답해하며 큰 소리를 치는 경우	친구를 탓하기보다 나에게 주어진 역할에 충실할 수 있도록 연습하는 것에 집중하게 만들 필요가 있습니다. 이때 적용되는 라이프스킬의 예시는 다음과 같습니다.

관련 라이프스킬	인내, 의사소통
라이프스킬 명명하기	친구를 비난하지 않고 잘할 수 있는 방법 함께 고민하기

23

필드형 스포츠와
라이프스킬
'플레이트 야구'

교사들이 체육수업에서 겪는 어려움 중 하나는 학생들의 체력과 운동 기능 수준이 다양하다는 것입니다. 이는 운동 기능이 높은 학생들이 수업의 주도권을 가지게 되는 중요한 원인이 될 수 있습니다. 반대로 상대적으로 운동 기능 수준이 낮은 학생들은 소외되면서 체육수업에 흥미를 잃기 마련이지요. 이번 장에서는 운동 기능 차에 따른 불평등을 해소하고 학생 모두에게 적극적으로 경기에 참여할 수 있는 기회를 제공하여, 역할에 대한 책임감과 동료간의 신뢰 관계를 형성할 수 있는 야구형 게임을 소개합니다.

이전 차시 복습하기

초등학교에서 지도하는 야구형 게임에서는 투수가 필요하지 않습니다.

타자가 자신의 주먹으로 공을 치거나 티볼과 같이 고정된 티 위에 공을 올려놓고 타격하곤 하지요. 하지만 초등학교 고학년 학생들의 경우 티볼의 단조로운 경기 구조에 흥미를 잃기도 합니다.

이를 고려하여 투수가 공을 던지고 타자가 공을 치는 정통 야구 게임을 학생들에게 도입하는 선생님들도 있지만, 이러한 방법 역시 스트라이크존에 공을 제대로 던지지 못하는 학생들로 인해 지도에 어려움을 겪게 됩니다.

야구형 게임 -
테니스 라켓을 활용한 플레이트 야구

티볼 경기의 단조로움과 투수의 어려움은 어떤 방법으로 보완할 수 있을까요? 이번 수업에서 소개할 플레이트 야구 경기는 2014년 두 명의 중등 체육 교사가 창안하였으며, 현재는 여러 중·고등학교에서 수업에 활용하고 있는 뉴스포츠 종목입니다. 플레이트 야구 경기는 기존 야구형 게임과의 차별화를 통해 참여자들이 조금 더 완전한 형태의 야구 경기를 체험할 수 있습니다.

● 기존 야구형 게임과의 차이점

① 투수와 포수 사이에 공을 띄우는 플레이트 설치

② 투수의 투구법을 볼링 투구법으로 변경

③ 배트의 타격면을 넓히기 위하여 배트 대신에 테니스 라켓을 활용

이번 장에서는 학생들이 자신의 역할을 수행하면서 다른 친구의 역할 범위를 넘지 않도록 강조할 것입니다. 이는 라이프스킬 바구니 10개 중 '신뢰'와 관련되는 것으로, 경기의 난도가 올라갈수록 운동 기능이 우수한 학생 중심으로 경기가 이루어짐을 예방하기 위한 것입니

다. 비록 자신이 잡을 수 있는 공이지만, 공과 더 가까운 곳에 있는 친구를 신뢰하여 친구가 공을 잡고 직접 처리할 수 있는 기회를 주도록 지도합니다.

플레이트 야구 경기 소개

✔ 경기장 구성

· 경기장의 외야에는 라바콘을 이용하여 경기장 규격을 설정할 수 있습니다.
· 가림막 형태로 경기장을 확실하게 구분하고 싶다면 '플로어볼 링크'를 설치할 수도 있습니다.

- 보통 인원은 공격과 수비가 각각 7~9명이지만, 학급 인원수를 고려하여 인원을 조정할 수 있습니다.
- 학급 인원수를 고려하여 한 팀의 인원이 많을 경우 투수의 역할은 수비팀에서 수행하도록 합니다.
- 수비팀의 인원이 적을 경우에는 공격팀에서 투수의 역할을 함께 하도록 합니다.

투수가 바닥의 상태에 영향을 받지 않고 정확하게 공을 굴릴 수 있도록 투수와 플레이트 사이에 팝스용 제자리 멀리뛰기 매트를 설치합니다.

플레이트는 별도로 제작하지 않고 급식용 우유 박스를 바닥에 놓아서 활용할 수 있습니다. 우유 박스에 아크릴판 또는 하드보드지를 경사지게 부착한 후, 제자리 멀리뛰기 매트 끝 부분에 위치합니다.

체육 용 · 기구	• 글러브, 테니스 라켓, 팝스용 제자리멀리뛰기 매트, 우유박스, 하드보드지 • 경기구는 티볼공 또는 테니스공을 사용합니다.

공격	① 공격자는 수비자의 위치를 확인하고 빈 공간을 탐색합니다.
	② 공격자는 투수가 굴린 공이 플레이트를 지나 뜬 것을 확인하고 테니스 라켓을 두 손으로 쥐어 타격합니다.
	③ 주자는 베이스에 발을 붙이고 있어야 하며, 타자가 공을 친 순간 다음 베이스로 이동할 수 있습니다.
	④ 도루는 허용하지 않습니다.

수비	① 수비팀의 위치를 확인한 후 공격팀의 공격 방향을 예상합니다.
	② 수비팀의 인원수에 따라 친구들과 가장 좋은 수비 위치를 전략적으로 논의합니다.
	③ 투수는 멀리뛰기 매트의 길을 따라 볼링을 하듯이 공을 강하게 굴려줍니다.
	④ 공을 굴린 학생은 타자가 친 공에 맞지 않도록 하기 위하여 몸을 돌리거나 바닥을 보며 몸을 숙이도록 합니다.

✔ 지도상의 유의점

① 투수가 굴려 주는 공의 상태에 따라 투수와 타자의 거리를 조절할 수 있습니다. 투수는 타자가 공을 잘 칠 수 있도록 돕기 위해 노력하도록 지도합니다.

② 테니스 라켓은 두 손으로 쥐도록 지도합니다. 한 손 타격 시 실수로 라켓을 던지는 학생이 있을 수 있습니다.

③ 경기가 박진감 넘치게 진행될 수 있도록 타자 한 명에게 볼이 3개가 되면, 야구의 볼넷과 같이 1루로 진루시킵니다. 스트라이크는 2번이 되면 아웃입니다.

④ 스트라이크와 볼의 판정은 교사와 학생이 약속할 수 있습니다. 그물망 가운데 사각형의 스트라이크존이 있는 용·기구를 사용할 경우 판단이 어렵지 않지만, 그 외 경우는 우유 박스에 부착된 경사면의 가운데 두 줄을 그어서 그 길을 지나는 경우 스트라이

크로 약속할 수도 있습니다.

 혁준 쌤의 지도 팁!

✔ 타자가 휘두르는 테니스 라켓에 맞는 학생이 있을 수 있습니다. 타자의 뒤쪽에 그물네트를 설치하고, 대기하는 학생들을 위한 별도의 안전한 공간을 마련합니다.

✔ 공을 굴려준 투수가 타자가 친 공에 맞지 않도록 공을 굴려준 후 곧바로 몸을 웅크려 바닥을 바라보도록 지도합니다. 이들은 수비 활동에 관여하지 못하도록 규칙을 통일합니다.

✔ 라이프스킬 수업 전략

예시상황	수업 전략
타자가 공을 치기 힘들게 하기 위하여 공을 이상하게 굴려주는 학생을 발견한 경우	타자가 가장 잘 칠 수 있는 공을 굴려주는 것을 강조하면서, 경기 후 안타를 가장 많이 맞은 투수를 선발하여 '배려 투수왕' 자격증을 부여합니다.

관련 라이프 스킬	배려
라이프스킬 명명하기	내 공을 쉽게 칠 수 있게 잘 굴려주기

예시상황	수업 전략
수비를 할 때 중간에서 공을 가로 채는 학생을 발견하는 경우	적절치 못한 행동을 하는 학생에게는 페널티를 주도록 합니다. '제자리 뛰기 10회, 다음 공격 시 타격 기회 제한(또 는 1스트라이크에서 시작하기)' 등의 페널티를 통해 자연스럽게 라이프스킬 을 실천할 수 있도록 지도합니다.

관련 라이프 스킬	신뢰

라이프스킬 명명하기	자신의 실력만 뽐내지 않고 친구를 믿기

네트형 스포츠와
라이프스킬
'기본 기능 익히기'

24

    체육수업에서는 학생들의 운동 기능 수준만큼이나 경기에 참여하는 태도
도 다양합니다. 경기를 즐기는 학생이 있는 반면 공을 무서워하는 학생, 경쟁
중심적인 분위기에서 소외되는 학생들도 많이 보셨을 겁니다. 경기의 승패를
가리는 것도 중요하지만, 모든 학생들이 동등하게 참여할 수 있는 기회를 마
련하는 것도 교사의 역할 중 하나입니다. 또한 경쟁에서 상대 팀이 없다면 경
기 자체를 할 수 없다는 사실! 모든 학생들에게 경쟁의 가치를 알려줄 수 있는
방법은 무엇일까요?

네트형 스포츠
지도의 어려움

네트형 스포츠는 네트 너머의 상대가 받아넘기지 못하도록 공을 보내 득점하면서 다른 사람들의 입장을 이해하고 공감하는 태도 함양을 강조하고 있습니다. 초등 체육에서는 정통적인 스포츠 규칙을 그대로 적용하기보다 학습 주제와 학생들의 발달 단계에 맞춰 변형된 규칙을 적용합니다. 또한 공 넘기기, 공 받기, 공 이어주기 등의 기본 기능들을 다루고 있습니다(교육부, 2015).

학교 현장에서는 배구형, 배드민턴형, 족구형 게임을 많이 활용하고 있습니다. 교사는 학생들이 공격과 수비의 역할을 동시에 수행하며, 네트를 넘어오는 공의 경로를 예측하면서 게임을 하도록 지도합니다.

네트형 스포츠에서의 운동 기본 기술이 부족한 교사들은 학생들에게 정확하고 올바른 기술을 가르치지 못하는 것에 대하여 어려움을 호소하였고, 동시에 학생들의 운동 능력 격차는 체육수업 지도에 큰 부담으로 작용합니다(오응수, 홍성진, 2016). 배구형 게임을 진행하며 공을 두려워하는 학생들을 고려해 소프트볼, 탱탱볼 등을 활용하는 것도 근본적인 해결책은 될 수 없습니다. 운동 기능 수준과 무관하게 유치하다는 이유로 학생들의 호응을 끌어내기 힘들기 때문이지요.

그렇다면 교사의 운동 수행 기술이 체육수업에서 필수적으로 요구되는 요소일까요? 그렇지 않습니다. 운동을 잘하는 교사가 좋은 체육 교사가 되기 위한 충분 조건은 될 수 있지만, 운동 기능이 다소 부족하더라도 학생들의 운동 능력을 비판적으로 관찰할 수 있는 안목을 갖추고 이들에게 필요한 운동 기능을 효과적으로 지도할 수 있는 교수내용지식(PCK: Pedagogical Content Knowledge)을 갖춘다면 훌륭한 체육 교사가 될 자질이 충분합니다.

초등 체육에서는 정통 스포츠 종목의 정확한 운동 기본 기술의 습득보다 네트형 스포츠가 지니고 있는 전술적 행동과 가치에 대한 학습이 선행되어야 합니다. 교사가 네트형 스포츠의 활동 목적을 정확하게 이해하고 학생 지도에 활용할 수 있다면 어렵지 않게 즐거움과 학습이 공존하는 수업을 운영할 수 있습니다.

[기본 기능 연습 1] 2인 패스 주고받기

✔ 연습구 안내

배구공으로 수업을 하면 공이 무서워 피하거나, 손목 통증으로 활동에 참여하지 않는 학생들이 많이 있습니다. 이를 대체할 수 있는 공으로 소프트볼과 탱탱볼이 있지만, 이 중 탱탱볼은 바운드가 비정상적으로 일어나 배구공을 대체하기에는 무리가 따릅니다. 그렇기에 이를 대체하여 배구형 수업에서 초등학생들에게 적합한 공으로 'Volleyball Trainer Ball(또는 빅 발리볼)'을 추천합니다. 공의 탄력도 있으며 통증을 유발하지 않아 안전하게 경기를 운영할 수 있습니다.

2인 1조로 적당한 거리를 두고 마주합니다. 활동을 하면서 스스로 거리를 조절할 수 있습니다.

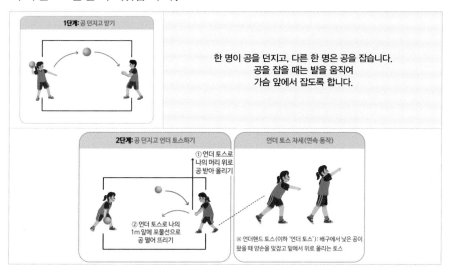

한 명이 공을 던지면, 다른 한 명은 언더 토스를 합니다. 처음에는 언더 토스한 공이 자신의 이마 위 1~2m 지점에 오도록 하고, 다음에는 자신의 1m 앞에 포물선을 그리며 떨어지도록 연습합니다.

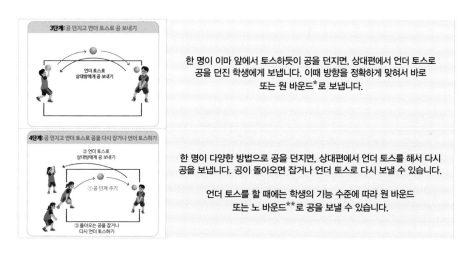

* 원 바운드: 구기에서 공이 지면에 부딪혀 한 번 튀어 오름.
** 노 바운드: 구기에서 공이 지면에 닿지 않아 바운드되지 않음.

① 언더 토스의 정확한 자세를 알려줍니다. 이때 두 팔을 쭉 펴고 공은 주먹과 팔꿈치 사이에 맞혀야 하는 것을 설명합니다. 학생 스스로 경험을 통하여 자세의 중요성을 인식할 수 있도록 하는 것이 중요합니다. 주먹에 맞아서 원하는 방향으로 공이 가지 않는 경우 다시 한번 지도 내용을 안내합니다.

② 2인 조 편성은 두 가지 방법으로 할 수 있습니다. 첫 번째는 운동 기능 수준의 차이가 있는 학생들이 조를 이루도록 하여 동료 학습을 유도합니다. 충분한 연습 이후에는 운동 기능 수준이 비슷한 학생들끼리 조를 구성하면 학생들의 도전 의식을 자극할 수 있습니다.

✔ 라이프스킬 수업 전략

짝 친구의 활동 성공률을 높이기 위하여 공을 정확하게 던져 주는 것이 중요합니다. 친구를 배려하는 마음으로 '공 잘 던져 주기' 자체를 하나의 라이프스킬로 반복해서 연습하도록 합니다.

예시상황		수업 전략
	공 던지기, 공 잡기, 언더 토스가 잘 안 되는 학생을 발견한 경우	격려의 박수를 치면서 '할 수 있어.', '잘 부탁합니다.' 등의 구호를 외치며 긍정적인 수업 분위기를 조성합니다. 이때 교사도 함께 박수를 치며 격려하고, 잘하는 조에게는 '배려 엄지 척'이라고 웃으면서 학생들을 칭찬합니다. 공을 받는 학생은 친구가 던진 공이 마음에 들 때 큰 소리로 '나이스'를 외칩니다.
관련 라이프 스킬		배려
라이프스킬 명명하기		공 잘 던지기, 친절하게 가르쳐 주기, 귀 기울이기

[기본 기능 연습 2] 사각형 공 주고받기 및 스파이크 연습하기

✔ 연습 방법

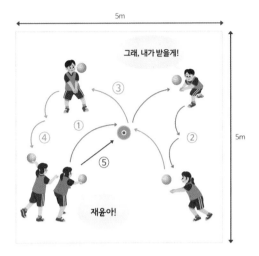

① 첫 번째 학생이 가볍게 공을 쳐서 원 바운드로 공을 받을 수 있도록 전달합니다. 이때 공을 받는 학생(공과 가까운 학생)을 지정하여 큰 소리로 학생의 이름을 외칩니다.

② 공을 받는 두 번째 학생은 언더 토스로 세 번째 학생에게 공을 보냅니다. 이때 원 바운드로 공을 받을 수 있도록 전달합니다.

③ 두 번째 학생은 세 번째 학생에게 원 바운드로 공을 전달합니다.

④ 세 번째 학생은 다시 첫 번째 학생에게 원 바운드로 공을 전달합니다.

⑤ 공을 받은 첫 번째 학생은 경기장 가운데의 원마커를 향해 스파이크로 공을 칩니다. 공으로 원마커를 맞히면 점수 1점을 얻습니다.

✔ 지도상의 유의점

① 자신이 공을 잘 받는 것도 중요하지만, 상대방에게 공을 잘 보낼

수 있도록 노력하는 것도 중요하다고 강조합니다. 연습을 통해 언더 토스의 강도를 스스로 조정하도록 지도합니다.

② 언더 토스를 하기 쉬운 공도 손바닥으로 대충 치는 학생들이 있습니다. 이러한 행동이 반복되는 모둠이 있을 경우, 언더 토스를 정확하게 할 때만 득점을 인정하도록 규칙을 변경할 수 있습니다.

③ 마지막 학생의 스파이크에서 원마커를 잘 맞히지 못하는 경우가 있습니다. 이때는 원마커를 여러 장 깔아서 성공 확률을 높일 수 있습니다.

✔ 라이프스킬 수업 전략

예시상황	수업 전략
다리는 움직이지 않고 팔만 뻗어서 언더 토스가 아닌 손바닥으로 공을 치는 학생을 발견한 경우	언더 토스를 할 수 있도록 노력하고, 잘 안 되는 학생에게는 가장 정확하고 쉽게 공을 줄 수 있는 학생이 토스를 하도록 지도합니다. 다음 학생이 빠르게 준비하고 집중할 수 있도록 공을 보내는 학생의 이름을 큰 소리로 불러줍니다. 언더 토스를 받는 학생은 공으로 빠르게 이동하고 엉덩이를 빼지 않도록 지도합니다. 반복적으로 잘 되지 않는다면, 공이 없이 스플릿 스텝과 잔스텝을 밟으며 엉덩이를 넣는 연습을 합니다.
관련 라이프 스킬	배려, 규칙준수
라이프스킬 명명하기	다다닥 스텝을 밟으며 공 받으러 이동하기

어려운 공도 정확한 자세로 공을 받기 위해 노력하고, 이를 실천하기 위하여 노력하는 팀에게는 교사가 임의로 라이프스킬 점수를 추가로 부여할 수 있습니다.

[기본 기능 연습 3] 2팀 육각형 릴레이 공 주고받기 게임

✔ 수업 공간 구성

육각형 경기장의 가운데를 기준으로 좌우에 팀을 나누어 위치합니다. 경기장의 규모는 학생들의 운동 기능 수준에 따라 조정할 수 있습니다.

✔ 수업 공간 구성게임 방법

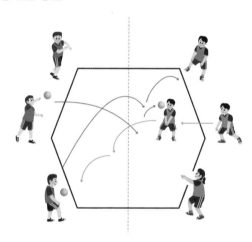

① 먼저 **빨강** 팀에서 **파랑** 팀으로 가볍게 공을 쳐서 원 바운드로 보냅니다. 이때 상대방에게 보내는 공은 가운데 점선을 넘어서 첫 번째 바운드가 되어야 성공으로 인정합니다.

② **파랑** 팀에서 공과 가까이 있는 학생이 언더 토스로 공을 받아 원 바운드로 가운데 점선을 넘겨 **빨강** 팀에게 보냅니다.

③ 이와 같이 공을 주고받으며 경기 상황에 따라 언더 토스 또는 스파이크를 할 수 있습니다.

④ 상대방이 공을 받지 못하면 득점하고, 가운데 점선을 넘기지 못하면 실점합니다.

① 학생들이 승패에 집착할 경우 무리하게 스파이크를 하고 공을 낮은 궤적으로 쳐서 점선을 넘기는 경우가 발생하기 쉽습니다. 이와 같은 행동이 반복될 경우, 스파이크 공격 전 양 팀이 언더 토스를 6회 이상 했을 때만 스파이크를 할 수 있도록 경기 규칙을 변형할 수 있습니다.

② 같은 팀원 앞으로 가는 공을 중간에 가로채는 학생이 발생할 수 있습니다. 우리 팀의 공을 넘기는 것보다 모두가 함께 참여할 수 있는 게임의 가치를 강조합니다.

★  혁준 쌤의 지도 팁!

✔ 민첩성이 부족한 학생들은 날아오는 공을 처리하지 못하고 얼굴에 맞아 다치는 경우도 있습니다. 공을 치거나 던질 때는 항상 공의 경로에 다른 학생이 없는지 확인할 수 있도록 강조합니다.

✔ 언더 토스를 강조하였더니 가슴보다 높이 날아오는 공에서도 언더 토스를 시도하는 학생이 있습니다. 아직 오버 토스까지는 지도하지 않았기 때문에 무리한 시도보다 안전하게 공을 잡는 것이 더 중요하다고 강조합니다.

✔ 라이프스킬 수업 전략

24명의 학급에서는 육각형 4개의 경기장을 만들 수 있습니다. 경기에 참여하는 학생들이 점수를 내기 위해 상대방이 받기 힘들게 공을 토스하는 경우가 많이 발생하기 때문에 이를 예방하기 위한 방법입니다. 경기에서는 상대 팀이 있어야 우리 팀도 있다는 것을 인지시키고, 규칙을 준수하면서 상대 팀을 존중할 수 있도록 지도합니다.

예시상황	수업 전략
점수를 내기 위해 상대방이 받기 힘들게 공을 토스하는 경우	6명 전체가 한 번씩 패스를 주고받을 경우, 양 팀 모두에게 라이프스킬 점수를 1점씩 추가로 부여합니다. 이는 승패를 떠나 배려를 함께 연습하기 위한 목적에서 적용된 규칙임을 학생들에게 안내합니다.

관련 라이프 스킬	배려, 규칙준수
라이프스킬 명명하기	정정당당하게 점수 내기

25

네트형 스포츠와 라이프스킬 '바운스파이크볼'

이번 장에서는 수비자의 위치를 보고 빈 공간을 찾아 스파이크하는 연습을 진행합니다. '바운스파이크볼'을 들어보셨나요? 바운스파이크볼은 바운스와 스파이크의 합성어로, 배구형 뉴스포츠입니다. 남녀노소 누구나 쉽게 즐길 수 있는 변칙 배구 경기이면서, 다양한 작전과 전략을 활용할 수 있는 흥미진진한 경기입니다.

배구형 게임 - 바운스파이크볼

배구형 게임의 기본 기능이 부족한 상황에서 이루어지는 경기는 게임의 매력을 알지 못하게 하면서 스스로 활동을 포기하게 만들기 마련입니다. 특히 초등학생들은 배구 경기에서 다음의 동작을 가장 어려워합니다.

① 바닥에 닿기 전에 공 받기
② 언더 토스로 팀원에게 정확하게 공을 이어주기

이러한 어려움을 보완한 바운스파이크볼은 배구 경기의 경기 규칙과는 다소 차이가 있습니다. 바운스파이크볼은 네트를 넘어오는 공을 바닥에 한 번 튀기고 잡은 후, 같은 팀원에게 직접 패스할 수 있는 간단한 배구형 게임입니다. 학생들은 그동안 연습한 스파이크 기술을 활용해, 네트형 경쟁의 전략을 상대 팀이 공을 받기 어려운 지역으로 공격하면서 연습할 수 있습니다. 더불어 운동 기술을 익히는 데에도 크게 도움이 됩니다.

이번 수업에서는 공격과 수비에서 자신에게 오는 공을 피하지 않고 적극적으로 대응하기 위한 책임감을 강조합니다. 공격과 수비의 역할이 동시에 이루어지는 네트형 경쟁에서는 자신에게 오는 공을 피하지 않고 책임지고 처리하는 기술과 마음가짐이 필요합니다.

바운스파이크볼
경기하기

✔ 경기장 구성

　경기는 2~4명으로 할 수 있습니다. 좁은 공간에서 네트가 없이도 진행할 수 있는 경기이기 때문에 소그룹으로 나누어 여러 장소에서 동시에 경기가 이루어지도록 합니다. 이후 인원 수를 늘려 네트를 활용한 경기를 진행할 수도 있습니다.

원 바운드에서 공을 잡지 못하거나 경기장 밖으로 공이 나갈 때, 또는 네트에 걸리는 경우 득점과 실점이 주어집니다.

✔ 경기 방법

① 서브는 가볍게 공을 띄워 한 손으로 쳐서 네트를 넘깁니다.

② 수비자는 넘어온 공을 원 바운드로 잡은 후, 제자리에서 팀원 중 한 명에게 던져서 패스합니다.

③ 두 번째 학생은 이후 스파이크를 잘할 수 있도록 공을 띄워줘야

할 필요가 있습니다. 그렇기에 네트 가까운 곳으로 이동한 후 패스를 받습니다.

④ 제자리에서 높게 공을 띄워 세 번째 학생이 스파이크를 합니다. 이후 다시 수비 위치를 잡습니다.

✔ 지도상의 유의점

① 배구공을 활용하여 수업을 하여도 되지만, 경기구는 'Volleyball Trainer(또는 빅 발리볼)' 사용을 추천합니다. 공을 무서워하는 학생들의 두려움과 딱딱한 배구공으로 인한 부상 위험을 함께 예방할 수 있습니다.

② 팀당 인원수가 적을수록 학생들의 운동량이 많아집니다. 공 받기, 공 이어주기, 스파이크 등의 기본 기술 연습 기회가 더 많아지는 장점이 있습니다.

③ 스파이크를 할 때 수비자의 위치를 보고 공을 보낼 공간을 정한 후 경기를 진행합니다. 무조건 공을 강하게 치는 것이 아니라 수비자의 위치를 보고 강약을 조절하도록 안내합니다.

★ 혁준 쌤의 지도 팁!

✔ 여러 개의 경기장을 동시에 운영할 경우 다른 경기장에서 날아오는 공에 맞을 수 있기 때문에 경기장 사이의 간격을 충분히 확보합니다. 또한 상대 팀 경기장으로 공이 날아갈 경우, 크게 소리를 내어서 경기를 중단시킬 수 있도록 약속합니다.

✔ 스파이크 동작에서 손끝으로 공을 치는 학생들은 손가락을 쉽게 다칠 수 있습니다. 손바닥 전체를 활용하여 스파이크를 할 수 있도록 충분한 연습 기회를 제공합니다.

✔ 라이프스킬 수업 전략

배구형 경기에서 공통적으로 활용될 수 있는 다양한 라이프스킬 전략을 소개합니다.

① 세리머니 만들기

세리머니는 공격과 수비에서의 성공과 실패 모든 순간에 할 수 있다는 장점이 있습니다. 승리의 세리머니는 분위기를 극대화하고, 패배의 세리머니는 팀원 간의 신뢰를 북돋워 주어 다음 플레이에서 집중할 수 있는 기회를 줄 수 있습니다.

교사는 세리머니 3회에 점수 1점씩을 줍니다. 점수판 옆에 라이프스킬 점수판을 하나 더 설치하여 경기가 종료된 후 두 점수를 합산하여 승패를 가립니다.

관련 라이프 스킬	협력
라이프스킬 명명하기	이기거나 지거나 화합하기

② 자신이 책임질 공에 'MY(마이)' 외치기

바운스파이크볼에서는 많이 일어나지 않지만 한 팀에서 두 명의 선수가 동시에 공을 받으러 가면서 놓치는 경우가 많습니다.

공이 오면 내가 책임진다는 마음으로 큰 소리로 'My'를 외치고, 팀원의 'My' 소리에 또 다른 학생은 자리를 피해 주도록 합니다.

관련 라이프 스킬	책임감
라이프스킬 명명하기	'My'라고 크게 외치고 공 책임지기

③ 상대방이 쉽게 받을 수 있도록 공을 굴려주기

배구형 경기에서는 공을 주워서 서브를 하는 상대방에게 넘겨주어야 합니다. 이때 많은 학생들이 공을 던지거나 발로 차는 경우가 있습니다.

서브를 넣어야 하는 상대방이 공을 쉽게 받을 수 있도록 네트 아래로 공을 굴려주도록 지도합니다. 교사는 약속된 라이프스킬 규칙을 지키지 않는 학생에게 페널티를 주면서, 의도적으로 학생들이 배려를 실천하도록 합니다.

관련 라이프 스킬	배려
라이프스킬 명명하기	상대방이 쉽게 받을 수 있도록 공 굴려주기

④ 수비가 준비된 상황에서 서브 넣기

배구형 경기에서 수비가 준비되지 않은 상황에서 서브를 넣고, 다시 게임을 진행하는 경우가 있습니다.

심판이 있는 경기에서는 서브를 넣기 전 반드시 심판의 준비 신호를 확인하고, 이를 존중하는 의미로 가볍게 인사를 하도록 합니다.

관련 라이프 스킬	존중
라이프스킬 명명하기	서브를 넣기 전 심판에게 인사하기

⑤ 서브 넣는 선수의 이름 외치기

배구형 경기에서는 팀 분위기가 경기의 승패를 좌우합니다.

서브를 넣는 선수가 힘을 낼 수 있도록 이름을 크게 불러주면서 성공의 기운을 넣어주는 연습을 강조합니다. 학생들의 라이프스킬 실천을 독려하기 위한 보상으로 팀원 모두가 기합을 넣었을 때에는 서브 실패 시 한 번의 기회를 더 줄 수 있습니다.

관련 라이프 스킬	신뢰
라이프스킬 명명하기	서브를 넣는 선수의 이름을 외치며 기 모아주기

26

네트형 스포츠와
라이프스킬
'원 바운드 배구'

지금까지 배구형 경기의 기본 기능과 전략을 배웠습니다. 그러나 본격적인
경기가 시작되면 학생들은 전략을 떠나 공을 받고 치기에만 급급합니다. 이를
고려하여 이번 장에서는 초등학생 수준에 맞게 변형한 배구 경기 방법을 소개
합니다. 학생들이 경기 중에도 전략을 잊지 않고 실천할 수 있도록 변형한 원
바운드 배구를 알아보겠습니다.

원 바운드
배구 경기

초등 체육에서 완전한 형태의 정통 배구 경기를 하기에는 어려움이 많습니다. 이를 고려하여 원 바운드 배구 경기를 많이 하고 있지만, 막상 경기가 시작되면 학생들은 네트를 넘어온 공에만 집중한 나머지 앞서 학습하였던 전술·전략을 활용하지 못하는 경우도 종종 일어납니다. 또한 운동 기능 수준이 낮은 학생들은 자신을 향해 오는 공을 받지 못하고 피하기도 하지요. 반대로 팀의 에이스라고 불리는 몇몇 학생은 경기장 전체를 뛰어다니며, 팀워크를 발휘하기보다 혼자 경기를 주도하는 데 더 치중한 모습도 쉽게 볼 수 있습니다.

이번 장에서는 팀의 화합을 통한 협력과 팀 전술·전략을 구상하기 위한 의사소통을 강조합니다. 공수 교대에 따른 전략의 변화를 팀원들이 명확하게 인식하기 위해서는 활발하게 소통하는 것이 중요합니다. 동시에 경기에 참여하는 모든 학생들이 시합 중 가만히 서 있지 않고 적극적으로 움직이면서 팀원 모두가 승리에 기여하려는 마음가짐이 필요합니다.

원 바운드
배구 경기하기

✔ 경기장 구성

한 팀의 인원은 4~6명으로 하고, 선수로 참여하지 않는 학생은 심판 역할을 맡습니다.

✔ 경기 방법

① 서브를 넣기 전 심판의 수신호를 확인하고 가볍게 인사합니다. 서브를 넣고 공이 네트에 걸렸을 때, 심판의 신호를 확인하고 인사를 나눈 학생은 심판을 존중한 의미로 한 번 더 서브 기회를 얻을 수 있습니다.

② 수비팀은 네트를 넘어온 서브 공을 원 바운드 후 언더 토스로 받고, 다른 수비수가 다시 원 바운드된 공을 세 번째 선수가 스파이

초등 체육수업 보물찾기

크할 수 있도록 띄워줍니다.

③ 스파이크한 공은 상대 팀의 진영에서 원 바운드 후 같은 방법으로 경기를 진행합니다.

④ 득점과 실점 후 팀 세리머니를 하고, 심판은 팀 세리머니 점수를 라이프스킬 점수로 별도 표시합니다. 15점으로 한 세트가 끝나면 심판은 점수를 합산하여 해당 세트의 우승 팀을 선정합니다.

✔ 지도상의 유의점

① 경기구는 'Volleyball Trainer(또는 빅 발리볼)' 사용을 추천합니다. 공의 탄력이 있으며 통증을 유발하지 않아 안전하게 경기를 운영할 수 있습니다.

② 라이프스킬 점수가 경기의 총점을 역전할 수는 없습니다. 이를 고려하여 라이프스킬 점수 2점을 총점 계산 시 1점으로 변환하여 적용합니다.

※ 라이프스킬 점수 배점이 크게 되면 스포츠 활동을 통해 얻은 배구 점수를 역전시키는 현상이 발생할 수 있습니다. 즉 배구 경기가 15점이었을 때, 라이프스킬 점수가 16점이 될 수는 없겠지요. 학생들에게 라이프스킬 실천을 독려하되, 경기를 통해 획득한 본래의 점수가 더 중요하기 때문에 라이프스킬 점수는 1/2만 반영합니다.

③ 경기에서 특정 학생이 계속해서 공을 받을 기회가 없다면, 심판이 그 학생을 지목해 이어지는 2번의 랠리 내에 반드시 공을 받을 수 있도록 지시합니다. 해당 학생이 득점하면 라이프스킬 점수를 추가로 얻을 수 있습니다.

	예시상황		수업 전략
	경기에 소외된 학생이 반복적으로 생기는 경우		심판은 선수들이 공을 3회 터치하는 것으로 네트를 넘기게 하지 않고, 모든 선수들이 최소한 한 번씩 공을 받고 이어주기를 한 후 네트를 넘기도록 경기 규칙을 변경할 수 있습니다.
관련 라이프 스킬		배려	
라이프스킬 명명하기		우리 모두 다 같이, 한 번씩은 참여하기	

원 바운드 비밀 구역
배구 경기

 ✔ 경기장 구성

 기본적인 경기장 구성은 '원 바운드 배구 경기'와 같습니다. 단, '원 바운드 비밀 구역 배구 경기'에서는 양쪽 경기장 바닥에 마스킹 테이프로 구역(Zone)을 구분해 놓습니다.

✔ **경기 방법**

① 기본적인 경기 규칙은 원 바운드 배구 경기와 같습니다.

② 상대 팀 경기장 바닥에 설정된 구역(Zone)을 보고, 각각의 이니셜에 1~4점씩을 정합니다.

③ 우리 팀이 정한 점수는 우리 팀원과 심판만 알 수 있습니다. 학생들은 경기를 하면서 구역별 점수를 추측합니다.

④ 공격 성공 시 공이 떨어진 구역의 점수를 부여합니다. 단 점수판에는 1점씩 올라가고 구역별 점수는 심판과 팀원만이 알 수 있습니다.

⑤ 경기는 세트당 15점입니다. 두 팀 중 한 팀의 점수가 15점이 되면 세트는 종료됩니다.

⑥ 세트 종료 후 심판이 구역의 점수로 계산한 총점을 공개하면서 세트의 우승 팀이 결정됩니다.

[예시]

청팀 15 : 홍팀 13 → 청팀 29 : 홍팀 38 → 홍팀 승리

기존 규칙대로 점수를 기록했을 때 청팀 15점으로 세트 종료

심판이 계산한 구역 점수 반영 → 경기 중 학생들이 보고 전략을 수립할 수 있도록 지도

세트 우승 팀 결정

(그림: 비상교육 비바샘)

① 점수 계산이 복잡할 수 있기 때문에 점수 기록원이 있으면 경기 진행에 도움이 됩니다.

② 공이 떨어진 지점을 정확하게 파악하기 혼란스러울 때가 있습니다. 이런 경우에는 두 구역의 평균 점수를 계산하여 점수를 부여합니다.

③ 상대 팀 선수들이 점수가 높은 구역이 어디인지 파악하게 되면 그 구역을 집중적으로 수비하게 됩니다.

이때 공격팀에서는 낮은 점수 구역의 점수를 얻었을 때 더 크게 환호하여 수비팀에 혼란을 줄 수 있습니다.

★  혁준 쌤의 지도 팁!

이번 활동에서 안전에 특히 유의해야 할 점을 안내합니다.

✔ 실점 후 감정이 격해질 경우, 공을 발로 차거나 손바닥으로 강하게 내려치는 학생들이 있습니다. 우발적인 상황에서 다른 학생들이 다칠 수 있으므로 조심하도록 지도합니다.

✔ 네트가 강하게 묶여 있지 않을 경우 블로킹*을 하다가 네트에 걸린 공이 얼굴을 강타할 수 있습니다. 블로킹을 하지 않도록 하고, 공격 시 반드시 3번의 공 터치가 필요하다는 규칙을 추가하면 넘어오는 공에 바로 욕심을 내어 점프하는 행동을 방지할 수 있습니다.

* 블로킹: 상대방의 공격을 막거나 방해하기 위해 행동하는 기술.

✔ 라이프스킬 수업 전략

배구형 경기에서 공통적으로 활용될 수 있는 다양한 라이프스킬 전략을 소개합니다.

효과적인 의사소통 전략 세우기

수비의 위치에 따른 효과적인 전술·전략을 구상하기 위해서는 활발한 의사소통이 필요합니다. 팀에서 약속한 구역 점수를 상대 팀에게 노출시키지 않고 수비의 움직임에 따라 빈 곳에 집중적으로 공격하도록 지도합니다. 수비 또한 유기적으로 나누어 할 수 있도록 적극적이고 활발한 의사소통을 연습하도록 안내합니다.

- 상대 팀에게 목표하고 있는 구역 점수가 노출되지 않도록 수신호를 약속하고 활용합니다.
- 전술·전략 회의에서 수신호 활용을 점검하고 개선하여 활용합니다.

관련 라이프 스킬	의사소통
라이프스킬 명명하기	우리만의 수신호로 작전 성공하기

표현과 라이프스킬
'비이동 움직임'

체육수업에서의 표현 영역은 무용 수업이 대표적입니다. 선생님들의 학창 시절을 떠올려 보면 운동회 날 연지 곤지를 바르고 운동장에서 귀여운 표정으로 꼭두각시 춤을 추는 저학년 학생들, 우아한 동작으로 부채춤을 추는 고학년 학생들이 기억나실 겁니다. 하지만 체육 정과 수업에서는 정해진 안무를 따라 하기보다 표현 영역의 지식과 기능, 태도와 함께 학생들의 창의성을 함양할 수 있는 수업을 지도해야 합니다. 학생들이 표현 영역의 움직임 요소를 이해하고, 리듬 유형에 맞춰 자신의 생각이나 느낌을 적극적으로 표현하기 위한 수업에 대하여 알아보겠습니다.

표현 영역의 지도

 학교 체육에서 표현 영역의 지도는 많은 교사들이 꺼려하는 활동 중 하나입니다. 표현 영역은 초등 무용 교육으로 대표되는데, 실제 학교에서의 무용 수업은 학예회 및 체육 대회에서의 발표, 문화예술 사업 활성화를 위한 예술 강사 파견을 통한 무용 수업 그리고 수행평가를 위한 음악 줄넘기, 창작체조 등을 통해 지도하고 있습니다. 하지만 학교 체육에서 표현 영역의 수업 지도는 여전히 갈 길이 멉니다. 무용 수업이 지니고 있는 교육적 가치를 고려하였을 때, 교사들이 표현 영역을 보다 전문적으로 이해하고 지도하기 위한 노력이 요구됩니다.

● 초등학생에게 무용 수업이 지닌 교육적 가치

① 예술적, 인지적, 사회적, 미적, 신체적 자각을 증진할 수 있습니다(McCutchen, 2006).

② 근력과 유연성, 유산소 능력을 향상하여 운동생리학적 효과와 자신감을 높일 수 있습니다(Quin, Frazer, & Redding, 2007).

③ 신체 활동의 동기 부여와 같은 심리학적 효과를 증대할 수 있습니다.

④ 운동장, 체육관 등 정형화된 신체 활동 공간뿐만 아니라, 교실처럼 협소한 공간에서도 다양한 신체 활동을 경험할 수 있습니다(Battisti, & Haibach, 2011).

초등학교에서의 표현 영역 수업에서는 학생들이 표현 활동을 통해 이루어지는 신체 움직임을 이해하고, 신체 표현에 필요한 기본 능력을 기르는 과정에서 심미적 감성을 이해하는 것을 강조하였습니다(교육부, 2022). 표현 활동은 자신의 생각이나 감정을 몸으로 표현하는 것으로, 학년군에 따라 서로 다른 교육 목적을 지니고 있습니다(홍애령, 2017).

움직임 교육학자 라반은 인간의 움직임을 질적인 면과 양적인 면으로 나누어서 분류하였습니다. 이 중 움직임의 질을 좌우하는 요소로 시간(Time), 무게(Weight), 공간(Space), 흐름(Flow)을 강조하였는데, 이는 각각 움직임의 빠르기, 강약, 크기, 방향과 관련되어 있습니다(Laban, & Ullmann, 1971).

3~4학년군의 표현 영역 성취기준에서는 이를 고려하여 움직임 언어(이동 움직임, 비이동 움직임, 조작 움직임)와 움직임 요소(신체, 공간, 노력, 관계)를 탐색할 수 있도록 제시하였습니다. 또한 여러 가지 도구를 활용하여 리듬의 유형과 요소를 탐색하는 다양한 동작을 표현 상황에 적용하도록 연결하였습니다.

움직임 언어의 이해
- 비이동 움직임

3~4학년군의 표현 영역에서 학생들이 자신의 느낌이나 감정을 신체 움직임으로 나타내기 위한 기초적인 표현 방법을 살펴보겠습니다. 이번 수업에서는 첫 번째 방법으로 '비이동 움직임'의 지도 방법을 안내합니다. 우선 학생들에게 신체를 통한 표현이 어렵지 않다는 인식을 심어주는 것이 중요합니다. 학생들이 기본 움직임 기술 탐색을 통해 개인 또는 모둠의 생각이나 느낌을 제자리에서 이동하지 않고, 기본 동작을 활용하여 창의적으로 표현할 수 있도록 지도하는 데 중점을 둡니다.

구체적인 표현 주제는 날씨와 계절에 따라 다르게 제시할 수 있습니다. 융합형 교과연계 수업에서는 타교과에서의 학습 내용을 활용하여 주제를 제시하고, 진로 교육과 연관하여 자신의 장래 희망을 제자리에서 몸으로 표현하도록 지도할 수 있습니다. 그럼 이러한 방법들을 활용하여 학생들이 무엇을 어떻게 표현하였는지, 함께 살펴보겠습니다.

○ 날씨와 계절을 몸으로 표현하기

❀ 따뜻한 봄

🍉 뜨거운 여름

🍁 시원한 가을

❄ 추운 겨울

(그림: 비상교육 비바샘)

① 활동 전 계절의 특징을 다양하게 떠올릴 수 있도록 브레인스토밍 기법을 활용합니다.

② 비이동 움직임에 적합한 모습을 표현할 수 있도록 지도합니다. 예를 들어 '개구리가 뛰어가는 모습'을 움직임 주제로 제시했을 때, 이동 움직임과 비이동 움직임 중 어떤 움직임 언어가 더 적합한지 학생 스스로 판단할 수 있도록 지도합니다.

③ 학생들이 다른 학생들의 움직임 주제를 그대로 모방하지 않고, 다양한 주제를 표현할 수 있도록 유도합니다. 학생들 스스로 활동이 원활하지 않을 경우, 구체적인 표현 주제를 기록한 '움직임 카드'를 제시하여 이를 몸으로 표현하도록 안내합니다.

○ 공부한 내용을 떠올리며 몸으로 표현하기

(그림: 비상교육 비바샘)

① 학생들이 주제의 특징을 잘 살려 몸동작과 얼굴 표정을 함께 표현하도록 지도합니다.

② 움직임 주제를 몸으로 표현하기 힘들어하는 학생에게는 교과서에 있는 그림을 보여주고, 모습을 흉내 내어 표현할 수 있도록 지도합니다.

③ 학생들의 개방적인 사고를 확장할 수 있도록 주제와 관련된 다양한 표현 활동을 허용적으로 받아들이면서 지도합니다.

○ 나의 장래 희망을 몸으로 표현하기

(그림: 비상교육 비바샘)

✔ 지도상의 유의점

① 초등학교 3~4학년은 직업을 다양하게 인식하지 못할 수 있습니다. 여러 가지 직업과 하는 일이 간단하게 기록된 직업카드를 제시하고 이를 표현하도록 합니다.

② 학생들이 한 명씩 몸으로 직업을 표현하고, 이를 다른 학생들이 감상하면서 직업을 맞히는 놀이를 할 수 있습니다.

③ 단순한 신체 표현 활동에 머무르지 않고 진로 교육으로 확장할 수 있도록, 장래 희망에 대한 자신의 생각을 발표하는 시간을 가지도록 합니다.

혁준 쌤의 지도 팁!

✔ 표현 영역에서 자신을 드러내는 것에 거부감이 강한 학생들이 있는데, 일부 동료 학생들이 이를 비난하면서 서로 갈등이 발생할 수 있습니다. 신체 표현에 소극적인 학생이 강압적인 분위기에서 활동을 강요받지 않도록 세심한 관찰과 지도가 필요합니다.

✔ 라이프스킬 수업 전략

친구들 앞에서 몸으로 표현하는 활동을 주저하는 학생이 많을 경우, 활용할 수 있는 라이프스킬 전략을 소개합니다.

① 스마트기기 활용하기

4인 1조를 편성하여 서로의 표현 동작을 스마트기기로 촬영한 후, 온라인 메모 애플리케이션 (패들렛, 멘티미터)에 게시하도록 합니다. 학생들이 서로 칭찬 댓글을 달도록 하여, 신체 표현에 '자신감'을 가질 수 있도록 지도합니다.

여러 학생들 앞에서 자신을 바로 표현하는 것에 거부감이 있을 수 있으므로, 촬영 후 결과물을 공유하는 방법을 대안적으로 활용합니다.

② 신체 표현 게임 활용하기

학생들의 더 적극적인 신체 표현을 유도하기 위해 '몸으로 말해요' 같은 게임 전략을 활용합니다. 학생들이 즐거운 마음으로 활동에 참여하도록 지도합니다.

게임이 끝난 후, 모둠의 정답 개수와 별도로 적극적인 신체 표현을 실천한 학생을 선발합니다. 해당 학생이 소속된 모둠에 '라이프스킬 자신감 점수'를 추가할 수 있습니다.

관련 라이프 스킬	자신감
라이프스킬 명명하기	눈치 보지 않고 마음껏 표현하기

표현과 라이프스킬 '비이동 움직임'

표현과 라이프스킬
'이동 움직임 1'

예비 교사 시절, 무용 수업에서 '호핑', '스키핑', '갤러핑' 등 다양한 이동 스텝을 연습해 보셨을 겁니다. 이동 스텝은 학생들이 상, 하체의 동작 움직임과 리듬감을 익힐 수 있는 좋은 수업 주제이지만, 기본적인 이동 스텝만으로 어떻게 한 차시 수업을 이끌어 갈 수 있을까 고민도 많으셨을 겁니다. 이번 장에서는 학생들이 지루해하지 않으면서, 움직임과 무용 스텝을 즐겁게 학습할 수 있는 지도 방법을 소개합니다.

초등학교 3~4학년 때 학습하는 움직임 교육 활동은 모든 인간 움직임의 기초가 된다고 할 수 있습니다. 학생들은 기본 움직임 동작 연습을 통해 자신의 신체를 인식하게 됩니다. 특히 초등학교 중학년 학생들을 대상으로 하는 표현 활동 수업에서는 움직임의 방향, 속도, 시간, 공간의 개념을 학습할 수 있습니다. 이는 곧 학생들이 성인으로 자라날 때 올바른 공간 개념을 지니고, 여러 가지 신체 지능을 기를 수 있게 하는 중요한 교육 활동이라 할 수 있습니다.

움직임 언어의 이해
- 이동 움직임 1

표현 영역의 기본 움직임 교육 두 번째는 이동 움직임 활동입니다. '이동 움직임'은 몸의 체중을 옮겨 공간을 이동하며 움직이는 신체의 움직임을 의미합니다. 한 공간에서 다른 공간으로 자신의 신체를 이동하고 다양하게 움직이며, 걷기, 달리기, 호핑, 스키핑, 갤러핑 등의 이동 스텝을 연습합니다.

　이동 움직임을 효과적으로 수행하려면 신체의 신경 기관, 운동 기관, 근육을 서로 조화롭게 움직이는 높은 수준의 전신 협응 능력이 필요합니다. 덧붙여 무용을 배우려면 춤의 기본 동작과 함께 방향을 전환하는 순발력, 리듬 빠르기에 맞춰 신체를 표현하는 정확성을 연습하는 것도 중요합니다(Laban, & Ullmann, 1971).

　이번 수업에서는 표현 활동의 대표적인 이동 스텝인 '호핑, 스키핑, 갤러핑'을 중심으로 박자와 리듬에 맞춰 연습해 보겠습니다. 이를 통해 학생들은 박자와 리듬에 따라 기본 움직임 언어를 익히고, 리듬의 빠르기와 세기 변화에 맞추어 이동 움직임을 익힐 수 있습니다. 나아가 학생들이 자신의 신체 움직임과 변화를 인식하면서 계절의 변화와 동식물의 모습을 창의적으로 표현하는 활동도 진행해 보겠습니다.

이동 스텝 연습하기

○ 호핑 스텝

　제자리에서 한 발로 가볍게 뛰었다가 착지하는 동작으로, '하나'에 한쪽 발을 앞으로 스텝하고, '둘'에 다른 쪽 발을 굽히고 앞으로 올리며 오른발로 뛰는 스텝입니다.

○ **스키핑 스텝**

　위로 뛰기와 걷기가 합해진 뛰기 동작으로, 한 박자에 한쪽 발을 앞으로 내밀면서 가볍게 뛰어오릅니다. 이후 다른 쪽 발을 앞으로 내밀면서 뛰어오르기를 반복합니다.

○ **갤러핑 스텝**

　한 발을 내디딘 후, 나머지 발을 내디딘 발 쪽으로 빠르게 가져오며 이동하는 스텝입니다. 나머지 발을 가져오는 순간 중심을 옮겨 오며, 몸을 반듯하게 세웁니다.

이동 스텝으로 전래 놀이하기: 우리 집에 왜 왔니

박자 감각을 익힌 뒤에는 '우리 집에 왜 왔니' 전래 놀이를 통해 몸으로 익힌 이동 스텝을 연습해 봅니다. '우리 집에 왜 왔니' 전래 놀이는 놀이 방법이 단순하여 학생들이 쉽게 참여할 수 있습니다.

● 놀이방법

① 먼저 학급 인원을 두 개 팀(청, 홍)으로 나눕니다. 학생 수가 홀수인 경우에는 두 팀의 대표가 가위바위보를 해서 이긴 팀이 한 명을 더 데려갑니다.

② 팀별로 순서, 이동 스텝 방법 등에 관한 협의 시간을 가집니다.

③ 협의를 마친 뒤, 두 팀은 10~20m 정도 간격을 두고 서로 마주 보며 양손을 잡은 채 가로로 길게 섭니다.

④ 가위바위보로 순서를 정합니다. 이긴 팀(예시 : 청팀)이 먼저 노래를 부르며 시작합니다.

⑤ 청팀에서 "우리 집에 왜 왔니, 왜 왔니, 왜 왔니."라고 박자에 맞춰 노래하면서 팀 내에서 정한 하나의 이동 스텝(호핑, 스키핑, 갤러핑 중 선택)을 하며 홍팀 쪽으로 다가갑니다.

⑥ 홍팀은 청팀의 이동 스텝을 살펴보며 뒷걸음질을 치다가, 같은 스텝으로 "꽃 찾으러 왔단다, 왔단다, 왔단다."라고 박자에 맞춰 노래하며 청팀 쪽으로 다가갑니다.

⑦ 청팀은 가볍게 뒷걸음질 치다가 처음과 다른 이동 스텝으로 "무슨 꽃을 찾으러 왔느냐, 왔느냐."라고 박자에 맞춰 노래하며 다시 홍팀 쪽으로 다가갑니다.

⑧ 홍팀에서 가장 왼쪽에 있는 학생이 청팀 중 미리 정한 한 학생의

이름(예: 형우)을 넣어서 "형우 꽃을 찾으러 왔단다, 왔단다." 라고 박자에 맞춰 노래하고, 홍팀은 또 다른 이동 스텝으로 청팀 쪽으로 다가갑니다.

⑨ 홍팀에서 형우의 이름을 부른 학생이 앞으로 나오고, 청팀의 형우가 나와서 가위바위보를 합니다.

⑩ 가위바위보를 해서 진 사람은 이긴 사람이 있는 팀으로 가서 가장 오른쪽에 섭니다. 이긴 팀은 ⑤번으로 돌아가 다시 게임을 시작합니다.

⑪ 게임을 반복하며 팀원이 한 명도 남지 않은 팀이 나올 때까지 놀이를 진행합니다.

손동작을 넣어 이동 스텝 연습하기

이동 스텝과 함께 손동작을 자유롭게 구사하도록 하면 상체와 하체 신체 부분 간의 협응을 통해 전신 협응 능력을 향상할 수 있습니다. 교사는 학생들이 쉽게 따라 할 수 있도록 몇 가지 예를 제시하면서 이동 스텝에 손동작이 함께 이루어질 수 있도록 지도합니다. 다음과 같은 발문을 통해 학생들의 자연스러운 손동작을 창의적으로 이끌어 내 봅시다.

① "가을이 되었어요. 이동 스텝(호핑, 스키핑, 갤러핑 중 하나 제시)을 하면서 낙엽이 떨어지는 모습을 손으로 자유롭게 표현해 볼까요?"

② "갤러핑은 말이 달리는 모습을 흉내 낸 스텝입니다. 내가 말 위에 타고 있다고 생각하면서 자유롭게 손동작을 표현해 볼까요?"

③ "무엇을 흉내 내기보다 손동작을 마음대로 움직여 볼 거예요. 마치 장난치듯이 마음대로 해봅니다. 대신 발동작은 스키핑 동작을 하면서 움직여 볼까요?"

손동작을 하면서 이동 스텝하기에 친숙해진 학생들에게는 8박자와 6박자의 아주 간단한 창작 활동을 만들어 보도록 지도합니다.

기본 이동 스텝은 '호핑, 스키핑, 갤러핑'으로 정해져 있지만, 손동작이 추가된 상체 동작 몇 가지를 연결하여 표현하면 간단하면서도 창의적인 나만의 작품을 만들어 낼 수 있습니다.

✔ 지도상의 유의점

① 이동 움직임을 지도할 때는 박자 감각을 익히는 데 중점을 두도록 합니다. 학생들이 움직임 박자와 리듬 감각을 익히지 못하면, 정확한 동작을 보여주지 못하고 빠르게 걷기나 뛰기 동작으로 변형되어 나타날 수 있습니다. 초등학생들에게는 4/4박자가 가장 좋으며, 교사의 리듬 악기 박자에 맞춰 다양한 이동 스텝을 연습하도록 지도합니다.

② 박자에 맞춰 기본 자세를 바르게 하고 이동해야 다치지 않으며, 특히 점프가 가미된 동작의 경우 착지할 때 신체 균형이 흐트러지지 않도록 관심을 갖고 지도합니다.

 ★ **혁준 쌤의 지도 팁!**

✔ 신체 활동에 과격하게 참여하는 학생은 간단한 이동 스텝 연습 과정에서도 다치는 경우가 종종 발생할 수 있습니다. 정해진 동선에 따라 이동하도록 안내하여 다른 학생들과의 충돌을 예방합니다.

✔ 학생들이 점프가 가미된 동작에서 착지할 때 발목을 접질리거나 넘어지지 않게 과도한 행동을 자제하도록 사전에 안내합니다.

✔ '우리 집에 왜 왔니' 게임 활동에서 상대팀에 너무 가깝게 다가가서 충돌하지 않도록 주의합니다.

✔ 라이프스킬 수업 전략

신체 언어를 통한 의사소통

 신체 언어를 통하여 나의 생각을 친구에게 표현할 수 있다는 것을 알려줍니다. 학생들은 자신이 먼저 바른 자세로 이동 스텝 동작을 보여주면서, 전래 놀이에서 상대 팀이 나의 동작을 정확하게 따라 할 수 있도록 합니다. 교사는 학생들이 이동 스텝과 창의적인 손동작을 활용하여 자신이 표현하고자 하는 바를 친구들에게 보여주면서, 신체 언어를 통한 의사소통의 즐거움을 느낄 수 있도록 라이프스킬과 관련하여 지도합니다.

관련 라이프 스킬	의사소통
라이프스킬 명명하기	몸으로 친구들이 이해할 수 있도록 표현하기

표현과 라이프스킬
'이동 움직임 2'

이동 움직임의 두 번째 시간입니다. 이번 장에서는 이동 스텝에 도전과 경쟁 영역의 요소를 더하여, 게임 형태로 변형한 활동을 소개합니다. 저도 이번 수업을 진행하며 학생들이 움직임 활동에 흥미를 느끼고, 표현 영역 수업을 긍정적으로 인식하는 모습을 살펴볼 수 있었습니다. 학생들이 도전과 경쟁을 통해 즐겁게 참여할 수 있는 이동 움직임 수업, 함께 살펴보겠습니다.

움직임 언어의 이해
- 이동 움직임 2

 이번 장에서는 '스포츠' 영역의 요소를 활용한 이동 스텝 활동을 안내하고자 합니다. 초등학교 표현 영역 수업에서는 학생들의 생활 경험과 감정을 신체를 이용해 효과적으로 표현할 수 있도록 기본동작 습득을 강조합니다. 또한 학생들이 움직임 예술의 즐거움을 체험하는 것에 중점을 둡니다. 이러한 표현 영역 수업은 학생들의 신체 발달, 정서적 발달, 사회적 발달 측면에 큰 영향을 미칩니다(김화숙, 1997: 박성혜, 2017).

신체 발달	정서적 발달	사회적 발달
일상의 경험을 움직임으로 리듬화해요.	나의 마음과 감정을 미적 움직임으로 표현해요.	나를 표현하고, 친구들과 상호작용할 수 있어요.
· 신체 균형성 향상 · 근육 운동 감각 발달	· 불안정한 정서 완화 · 질 높은 학교생활에 도움	· 사회성 향상 · 동질감 및 친밀감 형성

하지만 초등학생들은 표현 영역의 수업보다 실외에서 이루어지는 스포츠 중심의 에너지가 많이 소모되는 신체 활동을 선호하는 경향이 있습니다. 특히 남학생의 경우, 표현 수업에 극도로 거부감을 표시하는 것을 쉽게 볼 수 있는데요. 초등학교 중학년 시기에서부터 움직임 교육에 대한 긍정적 인상을 심어주지 못한 것이 이러한 현상의 원인일 수 있습니다.

이러한 점들을 고려하여 이번 수업에서는 스포츠 영역의 요소를 융합하여 땀도 흘리고 흥미도 느낄 수 있는 교과 내 융합 형식의 수업 지도 방법을 활용하였습니다. 학생들은 서로 배려하는 마음으로 활동을 진행하는 가운데 포기하지 않고 도전하는 경험을 할 수 있습니다. 그 과정에서 교사는 학생들이 정확한 게임 규칙을 준수하며 즐거운 마음으로 표현 활동 수업에 참여하도록 지도합니다.

그림을 따라 이동하기

앞 장에서 방향, 속도, 크기, 신체 등 양적 표현 요소를 배운 학생들은 이번 시간을 통해 바닥에 그려진 다양한 그림 모양을 따라 이동하면서 양적 표현 요소를 탐색하고 효과적으로 적용하는 방법을 배우게 됩니다.

예를 들어 선으로 이루어진 길을 지날 때에는 속도를 빠르게 할 수 있으며, 이후 방향 전환과 빠르기 조절을 통해 새로운 움직임을 탐색하는 연습을 할 수 있습니다. 이를 통해 학생들은 한 공간에서 다른 공간으로 자신의 신체를 이동하며, 효과적인 움직임과 무용 스텝을 활용할 수 있습니다.

이러한 교육은 학생들이 성인으로 성장한 뒤에도 올바른 공간 개념을 지니고, 고난도 움직임 응용 기술을 학습할 수 있게 하는 기반이 됩니다.

학생들이 기본 움직임을 탐색할 수 있도록 연습장 바닥에 마스킹 테이프로 그림을 그려 진행합니다.

이동 스텝으로 '배려 왕복 달리기'하기

　배려 왕복 달리기는 두 사람이 맞은편에서 동시에 출발하여 가운데 지점이 아닌, 만나는 지점에서 손을 터치한 후 자신의 출발 지점으로 되돌아가는 활동입니다. 이때 한 학생이 힘을 내어 조금 더 빠르게 움직이면, 다른 학생은 그만큼 적은 거리를 이동하게 됩니다. 교사는 이러한 활동의 특징을 안내하며, 친구를 배려하는 마음으로 '내가 한 발짝 더 힘내어 이동하기'를 강조할 수 있습니다.

　학생들은 '호핑, 스키핑, 갤러핑' 등 이동 스텝을 바른 자세로 유지하면서도, 마음속으로 리듬의 빠르기를 떠올리며 앞으로 나아가도록 합니다. 출발 지점으로 돌아갈 때는 입으로 4박자의 리듬 소리를 내면서 박자 감각을 유지하며 들어갈 수 있도록 합니다.

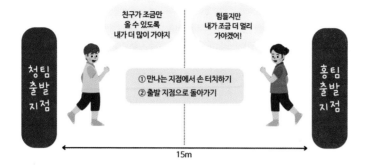

✔ 활동 방법

① 학급 인원을 두 팀(청팀, 홍팀)으로 나눕니다.

② 청팀과 홍팀의 주자들은 출발 지점에서 양팔 간격을 유지하며 마주 봅니다.

③ 교사는 학생들이 진행할 이동 스텝을 지정해 줍니다.

[예시] "처음 나갈 때는 호핑, 두 번째는 스키핑, 세 번째는 갤러핑 스텝으로 이동해 봅시다. 이후에는 자신이 원하는 스텝으로 이동해 보세요."

④ 주자들은 교사의 시작 신호에 맞춰 정확한 자세를 유지한 채, 교사가 말한 이동 스텝으로 상대방을 향해 이동합니다.

⑤ 교사는 활동 중간에 학생들에게 힘들어도 자신이 조금 더 움직이면, 친구의 이동 거리를 줄여줄 수 있다는 점을 안내합니다. 그리고 이러한 행동이 친구를 배려하는 마음과 연결될 수 있음을 강조합니다.

① 친구를 배려할 수 있는 라이프스킬 강조하기

왕복 달리기 활동은 처음에는 즐거운 마음으로 시작하지만, 활동 횟수가 많아 질수록 체력적으로 힘들어하는 학생들이 발생합니다. 이때 교사가 친구를 위해 한 발짝 더 움직이는 '배려 활동'임을 강조하면서, 학생들이 라이프스킬을 적극적으로 실천할 수 있도록 격려합니다. 활동이 끝난 뒤에는 중앙선 지점을 넘어서 손 터치한 횟수를 계산해 봅니다. 동기 부여 차원에서 횟수에 따라 개인별 라이프스킬 실천 점수를 부여할 수 있습니다.

관련 라이프 스킬	배려
라이프스킬 명명하기	힘을 내어 친구보다 내가 한 발짝 더 이동하기

다양한 이동 스텝으로
세계 여행하기

　　　　이번 활동은 그동안 배운 이동 스텝을 활용하여 자신이 원하는 나라를 여행해 보는 것입니다. 학생들은 원마커 사이를 지나다니면서 친구와 부딪히지 않도록 피하고, 움직임의 방향과 속도, 신체 동작 크기를 조절합니다. 박자와 리듬에 맞춰 체육관 곳곳을 돌아다니며 세계를 여행하는 기분을 만끽해 봅니다.

3~4학년 학생들은 세계 여러 나라의 특징과 문화를 잘 모를 수 있습니 다. 이때 원마커에 여러 나라의 이름 대신 학교 주변 가게들의 이름을 적어 학생들에게 무엇을 하는 가게인지를 묻고 대답하는 활동으로 대체할 수 있습니다.

▲ 활동에 참여하고 있는 학생들

▲ 하나의 원마커(프랑스)에 올라간 학생

★ **혁준 쌤의 지도 팁!**

✔ 좁은 공간에서는 신체 동작 크기에 한계가 있을 수 있습니다. 수업 환경을 고려하여 학생들이 서로 부딪히지 않도록 빠르기, 동작의 크기를 조정합니다.

✔ 학생들이 음악의 박자와 리듬감을 무시한 채 무작정 체육관을 빠르고 위험하게 이동하는 경우를 종종 발견할 수 있습니다. 이를 고려하여 교사는 학생들에게 다양한 이동 스텝의 정확한 자세를 실천할 수 있도록 강조하고, 사전 안전 예방 교육을 함께 실시합니다.

✔ 라이프스킬 수업 전략

② 먼저 '양보'하는 자세 강조하기

넓은 체육관에서도 인원수가 많은 학급의 학생들이 동시에 이동할 경우 부딪힘의 우려가 있습니다. 서로 부딪힐 수 있거나 원마커에 동시에 두 명이 들어간 상황에서 학생들은 어떻게 해야 할까요? 교사는 학생들이 가위바위보로 승자를 가리는 대신 친구를 배려하는 마음에서 먼저 양보를 실천할 수 있도록 라이프스킬을 안내합니다.

관련 라이프 스킬	배려
라이프스킬 명명하기	친구가 지나갈 수 있도록 내가 먼저 길 내어주기

강주희, 윤용진(2015). 음악줄넘기 운동이 초등학생의 비만 및 정신건강에 미치는 영향. **한국체육과 학회지, 24**(6), 389-398.

강지웅, 박용남(2017). 라이프스킬 개발을 위한 초등체육수업 실천 연구. **한국초등체육학회지, 1**, 7.

교육부(2015). **체육과 교육과정**. 교육부 고시 제2015-74호 [별책 11]. 세종: 교육부.

교육부(2022). **2022 체육과 교육과정**. 교육부 고시 제2022-33호 [별책 11]. 세종: 교육부.

김대권, 신현숙, 이승현, 정선화(2013). **바로 지금 협동학습!**. 즐거운학교: 서울.

김방출, 조기희(2013). 초등체육에서 육상교육의 현주소와 방향 모색. **한국초등체육학회지, 19**(1), 111-127.

김상목(2019). 경기 수행 능력 향상을 위한 영역형 경쟁의 지식 구조. **한국체육교육학회지, 23**(4), 147-163.

김용환(2013). 경쟁활동의 경쟁가치 실현을 위한 수업방안. **한국체육교육학회지, 17**(4), 1-12.

김재운(2014). 초등체육수업 운영상의 문제점과 활성화 방안모색. **한국체육교육학회지, 19**(1), 1-14.

김태영, 이광무(2005). 줄넘기 운동이 초등학생의 체지방률에 따른 체격, 체격지수와 신체구성에 미치는 영향. **한국초등체육학회지, 11**, 183-192.

김화숙(1997). 청소년을 위한 무용교육, 무엇을 가르칠 것인가. **한국무용교육학회지, 8**. 173-182.

남상란(2006). **초등학생이 선호하는 체육수업 내용 분석**. 미간행 석사학위논문. 한국체육대학교 대학원.

박경진, 엄우섭(2013). 아침 구기활동이 초등학생의 신체적 자기 개념에 미치는 영향. **한국초등체육학회지, 18**(4), 41-50.

박성혜(2017). **무용을 통한 청소년 정서함양은 어떻게 이루어지는가?-통합적 무용교육 프로그램 개발을 위한 질적 연구-**. 미간행 박사학위논문. 서울대학교 대학원. 서울.

박정준, 이규일, 김원정, 이창현, 윤기준, 정현우, 정현수(2021). **체육수업 배우기**. 레인보우북스: 서울.

백승현(2018). **통합적 체력 프로그램의 적용을 통한 초등학생의 건강소양 함양 과정 탐색**. 미간행 석사학위논문, 서울대학교 대학원, 서울.

서지영, 김기철, 조기희(2021). 초등학교 저학년 체육 활성화를 위한 다각적 방안 탐색. **한국초등체육학회지**, **27**(2), 41–58.

손혁준, 박용남(2022). 초등체육수업의 진단과 개선 과제 탐색. **교과교육학연구**, **26**(5), 415–428.

오응수, 홍성진(2016). 초등학교 교사의 네트형 경쟁 활동 중 배구형 수업의 어려움과 개선 방안. **한국초등체육학회지**, **22**(2), 27–38.

원혜영(2021). 바다 거북길을 따라서: 타밀나두에서 가야제국까지 허황옥 전설을 토대로 한 어휘적 근거와 문화를 추적하며. **동서비교문학저널**, **57**, 199–224.

유재봉(2016). 학교 인성교육의 문제점과 방향. **교육철학연구**, **38**(3), 99–119.

유정애, 김선희, 김원정, 김윤희, 김종환, 문도순, 신기철, 이충원, 조남용(2007). **체육수업모형**. 서울: 대한미디어.

이규일, 류태호(2010). 체육 교과 교육의 논리로 바라본 뉴 스포츠 수업의 교육적 한계 및 실천 방안 탐색. **한국스포츠교육학회지**, **17**(4), 83–100.

이덕영, 김주현(2004). 줄넘기 운동의 점증부하가 초등학생의 심폐지구력에 미치는 영향. **한국초등체육학회지**, **10**, 159–170.

이동우, 이병곤(2010). 초등학생의 체력 수준이 체육교과 내용 영역별 선호도에 미치는 영향. **한국초등체육학회지**, **15**(3), 57–65.

이병준, 이주욱, 김동환(2017). 생활기술 발달을 위한 '팀'기반 수업모형의 가능성 탐색. **한국체육교육학회지**, **22**(2), 83–98.

이옥선(1996). 초등학생의 체육수업 참여유형 분석. **한국스포츠교육학회지**, **3**(2), 39–49.

이옥선(2012). 체육 전공 대학생들의 청소년기 스포츠 참여를 통한 생활기술 (Life skills) 습득 경험과 요인 탐색. **한국스포츠교육학회지**, **19**(1), 1–22.

이옥선, 조기희(2013). 학교폭력 예방을 위한 초등 체육활동 프로그램 개발 및 적용. **한국교원교육연구**, **30**(2), 1–23.

이옥선, 최의창, 손혁준, 정현수, 조기희(2019). 라이프스킬 중심 체육수업을 위한 교사 전문성 프로그램 개발 및 최적화 과정 탐색. **교과교육학연구**, **23**(4), 335–345.

이윤석, 박상봉(2019). 유 · 초등 연계를 위한 즐거운 생활 교과의 신체활동 내용요소 탐색 및 개정 방안. **학습자중심교과교육연구**, **19**(20), 257–275.

임영택, 이만희, 진성원, 황성우(2010). 선생님! 비 오는데 체육해요?: 다양한 웹 기반 테크놀로지를 활용한 교실체육수업의 실천. **체육과학연구**, **21**(1), 1076–1093.

임현정, 김양분, 신혜숙, 신종호, 이광현(2011). **학교교육실태 및 수준 분석 (Ⅲ): 초등학교연구**. 한국교육개발원 연구보고서 (RR 2011-22).

전호정(2001). **남녀공학 중학교 여학생들의 체육수업 참여 유형과 참여 저해요인 분석**. 전국체육대회기념, 260-266.

정남숙(2014). 동기강화 자기조절학습전략이 초등학생의 자기조절기능 및 학업적 자기효능감에 미치는 영향. **초등교육학연구**, **21**(1), 135-154.

최의창(2010). 스포츠맨십은 가르칠 수 있는가?: 체육수업에서의 정의적 영역 지도의 어려움과 가능성. **한국스포츠교육학회지**, **17**(1), 1-24.

최의창(2010). **인문적 체육교육과 하나로 수업**. 서울: 레인보우북스.

최의창(2018). **스포츠 리터러시**. 서울: 레인보우북스.

최의창, 전세명(2011). 운동소양의 함양: 전인교육을 위한 초등체육의 목적 재검토. **한국체육학회지**, **50**(1), 93-107.

한상모(2022). 초등학생을 위한 신체활동에서의 사회정서적 역량 증진 방안 탐색. **한국스포츠심리학회지**, **33**(1), 13-32.

홍애령(2017). 초등 무용교육자의 정체성과 수업 전문성에 관한 이론적 고찰. **한국초등체육학회지**, **22**(4), 107-118.

홍양자(1998). 왜색 전래놀이의 비밀. **초등우리교육**, 112-117.

Armin Kibele, Claudia Braun, Thomas Muehlbauer, Urs Granacher(2014). Metastability in plyometric trainin on unstable surfaces, *BMC Sports Science*, *6*(1), 1847-2052.

Baker, J. A. (1968). Comparison of rope skipping and jogging as methods of improving cardiovascular efficiency of college men. Research Quarterly. *American Association for Health, Physical Education and Recreation*, *39*(2), 240-243.

Battisti J., & Haibach, P. S. (2011). Progression through movement. *Journal of Physical Education, Recreation & Dance*, *82*(8), 14-16.

Bergmann, J., &Sams, A. (2014). Flipped learning: Gateway to student engagement. *International Society for Technology in Education*.

Butler, J. L. & McCahan, B. J. (2005). *Teaching games for understanding As a Curriculum Model. In Griffin, L. L., & Butler, J. L. (Eds.), Teaching Games for Understanding: theory, research, and practice(pp. 33-54)*. Champaign, IL: Human Kinetics.

CASEL. (2021). *Fundamentals of SEL. Retrieved November*, 30, 2021, from https://casel.org/funda mentals-of-sel/.

Coakley, J., & Holt, N. L. (2016). Positive youth development through sport. *Positive youth development through sport*, 21–33.

Clifford, C., & Feezell, R. M. (2009). *The sport and character*. Champaign, IL: Human Kinetics.

Danish, S. J., & Donohue, T. R. (1996). *Understanding the Media's Influence on the Development of Antisocial and Prosocial Behavior* (From Preventing Violence in America, P 133–155, 1996, Robert L Hampton, Pamela Jenkins, and Thomas P Gullotta, eds.––See NCJ–159949).

Eppard, J., &Rochdi, A. (2017). *A Framework for Flipped Learning. International Association for Development of the Information Society*.

Gabbard, C. P. (2008). *Lifelong Motor Development(5th ed)*. Banjamin Cummings Publishing Co.

Griggs, G. (2012). *Getting athletics off the track, out the sack and 'back on track' In G. Griggs (Ed.), An introduction to primary physical education(pp. 151–160)*. London: Routledge.

Haubenstricker, J., & Seefeldt, V. (1986). Acquisition of motor skills during childhood. *Physical activity and well–being*, 41–92.

Maureen R. Weiss. (2016). 'OLD WINE IN A NEW BOTTLE' Justorical reflections on sport as a context for youth development. In, Holt, N. L. (Ed.), *Positive youth development through sport*. Routledge.

Laban, R., & Ullmann, L. (1971). *The mastery of movement*.

McCutchen, B. (2006). *Teaching dance as art in education*. Champaign, IL: Human Kinetics.

McKiddie, B., & Maynard, I. W. (1997). Perceived competence of schoolchildren in physical education. *Journal of Teaching in Physical Education*, *16*(3), 324–339.

Midura, D. W. & Glover, D. R. (2005). *Essentials of team building; Principles and practices*. Champaign, IL: Human Kinetics.

Oakeshott, M. (1967). *Learning and Teaching. In R. S. Peters (Ed.), The concept of Education (pp. 156–176)*. London: Routledge & Kagan.

Payne, V. G., & Isaacs, L. D. (2008). *Human Motor Development: A Lifespan Approach(7th ed)*. New York. McGraw–Hill.

Paluska, S. A., Schwenk, T. L.(2000). physical activity and mental health: Currents concepts. *Sports Medicine*, 29, 167–180.

Quin, E., Frazer, L., & Redding, E. (2007). The health benefits of creative dance: Improving children's physical and psychological wellbeing. *Education and Health*, *25*(2), 31–33.

Shields, D. L., Funk, C. D., & Bredemeier, B. L. (2015). Contesting orientations: Measure construction and the prediction of sportspersonship. *Psychology of Sport and Exercise*, *20*, 1–10.

Spencer, M. E(1968). Effect of Rope Skipping and Physical Education Classes on physical work capacity of Sedentary college women. *Physical aspects of sports and fitness*.

Thomas, K. T., & Thomas, J. R(2008). Principles of motor development for elementary school physical education. *The Elementary School Journal*, *108*(3), 181–195.

Weiss, M. R., & Gill, D. L. (2005). What goes around comes around: re-emerging themes in sport and exercise psychology. *Research quarterly for exercise and sport*, *76*(sup2), S71–S87.

Whitehead, A. N. (1929). *The aims of education and other essays*. London: The Free Press.

**초등
체육수업
보물
찾기**

초판 1쇄 발행   2024. 1. 31.

지은이   손혁준
펴낸이   김병호
펴낸곳   주식회사 바른북스

편집진행   박하연
디자인   배연수

등록   2019년 4월 3일 제2019-000040호
주소   서울시 성동구 연무장5길 9-16, 301호 (성수동2가, 블루스톤타워)
대표전화   070-7857-9719 | **경영지원**   02-3409-9719 | **팩스**   070-7610-9820

•바른북스는 여러분의 다양한 아이디어와 원고 투고를 설레는 마음으로 기다리고 있습니다.

이메일   barunbooks21@naver.com | **원고투고**   barunbooks21@naver.com
홈페이지   www.barunbooks.com | **공식 블로그**   blog.naver.com/barunbooks7
공식 포스트   post.naver.com/barunbooks7 | **페이스북**   facebook.com/barunbooks7

ⓒ 손혁준, 2024
ISBN 979-11-93647-75-2 03370